どんな時代にも輝く
主体的な働き方
ワーカーズ・コレクティブ法の実現を

ワーカーズ・コレクティブ ネットワーク ジャパン編

同時代社

はじめに

　ワーカーズ・コレクティブは市民一人ひとりが主体的にまちづくりにかかわっていこうという運動のひとつであり、一九八二年に神奈川に第一号が誕生して以来全国に広がり、九九年の調査では約四六三団体、一二、〇〇〇人の人たちが働いています。

　業種は食、福祉、環境、情報など日々の暮らしの質を高めるための「モノ」や「サービス」を提供する事業であり、総事業高は七三億円にのぼります。安心して食べられる材料でつくる仕出し弁当屋、きめ細かな対応と良質の食材で提供する高齢者への食事づくり、国産小麦と天然酵母のパン屋、高齢者や障害者の介護及び保育や家事援助などを行う在宅福祉サービス、まちづくりも視点に入れた生協の配送業務、リフォームやリサイクルショップなどいずれも生活者の視点、利用する側の視点に立ち、これまでの事業体にはない付加価値のある「こだわり」の事業を展開しています。

　しかし、協同組合の相互扶助の精神に基づいて、雇われるのではなく対等な立場で自主的に自己決定して責任を持つ働き方や、地域生活の充実に必要な機能を担う非営利の市民事業を規定する法律がありません。約八割のワーカーズ・コレクティブは法人格がないまま、事業を行うことを余儀なくされ、責任が個人に偏る、公的な信用が得られない、社会保障が受けられないなど事業発展を阻む課題を抱えています。

ワーカーズ・コレクティブの全国組織の「ワーカーズ・コレクティブ　ネットワーク　ジャパン」ではワーカーズ・コレクティブの法制化の運動をしてきましたが、二〇〇〇年九月より二〇〇一年五月にかけて各分野の有識者の方々の参加を得て、「ワーカーズ・コレクティブ法研究会」を開催いたしました。この度その研究の成果にワーカーズ・コレクティブの実践より生まれた理念、活動内容をまとめることができました。

世界に例を見ない早さで日本の高齢化はすすんでおり、約二〇年後はピークを迎えるとされています。また未曾有の失業の時代がもう始まっています。行政にすべてを期待することは難しく、暮らしやすいまちをつくるため、また自分で生きがいのある働き方をつくるため、市民自らが自分たちにとって必要な機能をつくりだしていくことが必要な時代になりました。非営利の協同組合の精神に基づいて、市民が地域で興す事業は、まちを明るく元気にする手段の一つといえます。

この新しい働き方「ワーカーズ・コレクティブ」を法律に位置づけることは市民主体の暮らしやすいまち、市民自治の活力あるまちづくりにほかなりません。二一世紀の地域社会に、すでに二〇年の実績を持つ「はたらく人たちの協同組合」「ワーカーズ・コレクティブ」が法制度として認められるよう、同じ志を持つ人々と協同しながら実現をめざします。

ワーカーズ・コレクティブ　ネットワーク　ジャパン

代表　井瀧佐智子

目　次

第1章

ワーカーズ・コレクティブとは

生協の戸別配送を請け負う〔轍・東京〕

1　ワーカーズ・コレクティブは協同組合

ワーカーズ・コレクティブは働く人たちの協同組合です。働く組合員全員が出資し、全員が経営、運営に参加し、全員が協同して働きます。その事業は地域や社会に有益なものでなければなりません。

ワーカーズ・コレクティブも一般の事業と同様に事業を起こすためには必要な資金を用意しなければなりません。ワーカーズ・コレクティブの場合は、働く人たちが自ら出資をして、事業の準備をします。業種によって出資金のみでは足りない場合は、借入をして用意をします。事業活動のために働く人たちが資本を提供する。つまり出資をすること。いわゆる株式会社が株式を発行し、資本を集めて資本金として事業を行い、利益の分配を出資した額に応じて出資配当するいわゆる出資とは大きく違っています。投資の目的が利益配当を受けることにあるのではなく、働く人たちが自ら、働く場を作るために投資をする出資です。

また働く人たち全員が経営、運営する主体的な働き方もこれまでの雇用被雇用の関係にある働き方に対してオルタナティブな働き方といえます。雇われて働くのではなく、働く人たち、組合員が事業活動の組織方針を決定し、組合員の合意と責任によって管理を行います。組織運営においては一人一票の民主的運営を行い、一人ひとりが議決権、執行権を持って参加し、組織の目的や運営に関するルールや「定款」や「規約」類を作成し、共有し、協同する働き方です。

2　非営利の市民事業

ワーカーズ・コレクティブは地域に暮らす人々が、生活者の視点から、地域に必要なモノやサービスを提供する市民事業活動であり、労働に対しての対価を設けますが、利益を生み出すことが目的ではありません。

世界的には協同組合、共済組合、公益団体、アソシエーション（任意の非営利組織）などがあげられます。外国では協同組合の基本法なり、統一法があり、協同組合の基本的な組織内容を備えていれば、協同組合として法人格を取得できますが、日本の場合は、所轄官庁の監督の下、個別法になっているため新しい協同組合は新たに個別法の法律を作らないと法人格が取れない仕組みになっており、新しい社会の動きに対応できないようになっています。

また民法も一〇二年前の法律で市民社会を想定した法律ではありません。やっとＮＰＯ法（特定非営利活動の促進法）が市民発の運動で制定され、官でも民でもない市民が作って運営する非営利の市民活動組織が法的に認められ、市民活動の大きな一歩となりましたが、民法の改正ではなく、特別法の制定になっているため、「特定非営利活動」に限定されています。

一方で公益に関せず、営利を目的としない団体（中間法人）に関しての中間法人制度が行政主導で制定されました。しかし、営利を目的としない団体のために作られるというより公益法人を名乗りながらも非公益的な活動をしているものも存在している背景があり、それを見直す便法に過ぎないのではないかと思われます。

協同組合も含め、市民が行う非営利の公益活動を民法に位置づけるため、民法の改正が新しい時代の要請として必要とされています。NPO法の付帯決議である民法三四条の見直し「民法三四条の公益法人制度を含め、営利を目的としない法人の制度については今後総合的に検討を加えるものとする」については未だ検討が進んでいません。民法三四条の見直しについては中間法人、協同組合の見直し、協同組合基本法も視野に入れた十分な議論が必要だと考えます。

3　ワーカーズ・コレクティブのはじまりと発展

日本でワーカーズ・コレクティブという言葉が使われたのは一九八〇年代に入ってからのことで、働く人たちが出資し、経営も自分達で行う事業体のことを総称してワーカーズ・コレクティブと呼んでいます。ワーカーズ・コープと名乗っているところもあります。

ヨーロッパでは働く人が事業体を所有し、経営に参加するという事業の形は一八三〇年頃、ワーカーズ・コープ、労働者の協同組合としてフランスから始まり、ヨーロッパ各国に広がり、協同組合運動と共に発展し、今日しっかり根付いています。日本では一九六〇年代からの高度経済成長真っただ中、市場経済に対し、「生き方を変え、生活を変えよう」をモットーに、生活クラブ生活協同組合が一九六八年に設立されました。自分が納得するものが欲しければ自分で作りだすこと、そのことをほかに委ねるのではなく、自分で考え自分で行動することだと考えた人びとが出資をして、その運営にも参加しました。利用するだけではなく、口もだすが責任も負う班別予約の共同購入システムを組織し、一人ひとりが主体的に関わっていく参加型のあり方をしっかりと築き上げてきました。

そしてこの主体的な参加をワークのあり方として発展させ自ら納得したサービス、モノを作り出す手法としてワーカーズ・コレクティブをつくり、生み出しました。そして第一号のワーカーズ・コレクティブ（にんじん）が神奈川に誕生し、デポー（店舗型共同購入の荷捌き所）の業務委託、請負を担うことから出発しました。

表1　ワーカーズ・コレクティブ（コープ）団体数推移

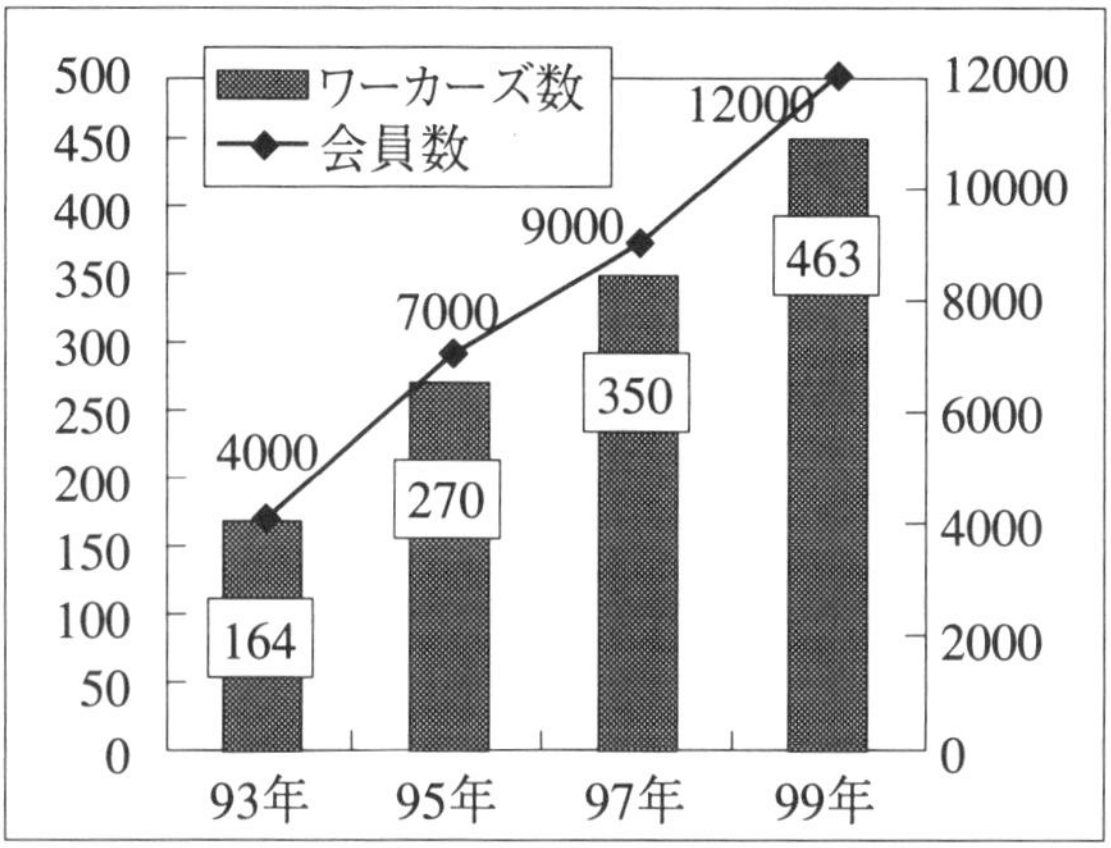

その後、東京、千葉、埼玉でも相次いで設立されました。生活クラブ生協だけではなく、東京マイコープ、エスコープ大阪、グリーンコープ、東都生協などにも設立され、全国に広がり、ワーカーズ・コープと名乗っているところもあります。現在全国のワーカーズ・コレクティブは北海道から鹿児島まで一八都道府県四六三団体一二、〇〇〇人となっています。近年の増加は著しく一九九三年から一九九九年にかけては約三倍に増加しています。（表1）

また都道府県別のワーカーズ・コレクティブの会員

表2　ワーカーズ・コレクティブの業種

安全で手作りの食を提供する	レストラン・仕出し弁当・手作りパンの店・惣菜 高齢者や食事に困っている人に届ける食事サービス事業
リサイクル、エコロジーの生活提案	リサイクル・エコロジー・手作りショップ・安全な石鹸で清掃事業・安全な住まい作りの相談
年を取っても、障害があっても住み慣れた自分の家で暮らすための支援	家事、介護サービス・移動サービス・デイサービス
市民が作る市民文化	料理教室・カルチャー講座・保育
市民からの情報発言	編集・ビデオ製作・印刷
環境事業	廃食油から石鹸を作るせっけんプラント
協同組合活動を支える	生協委託業務
市民レベルの国際交流	民際交流ショップ

人数と事業高は巻末の資料3（「ワーカーズ・コレクティブ組織概況」）にある通りです。業種も生協事業委託から食、福祉、環境、情報など生活、文化領域へと発展し、業種も増えてきています。（表2）

具体的には家事介護、デイサービス、移動サービス、食事サービス、保育など福祉関連事業から仕出し弁当、レストラン、パン製造販売、惣菜、委託事業、ショップ、リサイクル、文化、編集事業などです。いずれも生活者の視点、利用する側の視点に立ち、環境に負荷を与えないことにこだわり、石けんや再生紙、リサイクル品等を取り扱っていることも特色です。特に目覚しく発展してきているのが福祉関係のワーカーズ・コレクティブであり、現在九、〇〇〇人となっています。

少子高齢社会にあって、地域の在宅福祉支援にはなくてはならない存在になってきており、二〇〇〇年からの介護保険事業にも参入しています。超高齢社会を迎え、福祉のサービスもさらに多様化してくると思われますが、ワーカーズ・コレクティブのきめ細かいサービスの果たす役割はますます高まってきます。自分達が欲しいものは自分達でつくりだす。まちづくりの担い手としてその価値をさらに広めていきたいと思います。

4　全国組織ワーカーズ・コレクティブ　ネットワーク　ジャパン（W．N．J．）

各ワーカーズ・コレクティブは都道府県の範囲で連合し、情報交換や事業のレベルアップ、共同仕入れ事業、あたらしいワーカーズ・コレクティブの設立支援、自分たちのめざす社会の実現のために連携しています。その連絡会／連合会が集まって全国組織ワーカーズ・コレクティブネットワーク　ジャパン（W．N．J．）を組織しています。一九八九年に首都圏のワーカーズ・コレクティブの連絡会／連合会でW．N．J．の前身ともいえる「全国市民事業連絡会」を持ち、ワーカーズ・コレクティブのネットワーク化を図り、ワーカーズ・コレクティブの社会的認知を進める活動、ワーカーズ・コレクティブの法制化運動を進めてきました。

全国規模のワーカーズ・コレクティブの会議は一九九三年より二年おきに開催しています。一九九五年七月に開催された「第二回ワーカーズ・コレクティブ全国会議」では、「ワーカーズ・コレクティブの価値と原則」を定め、組織としての基礎を確立するに至りました。同時に「ワーカーズ・コレクティブの法制化へ向けての声明」を行いました。

またワーカーズ・コレクティブの全国組織であることが明確になるよう、「ワーカーズ・コレクティブ　ネットワーク　ジャパン（W．N．J．）」と組織名を変更し、さらにワーカーズ・コレクティブの法制化を推進する活動を行ってきました。現在会員はワーカーズ・コレクティブの連合組織九団体。そのうち四団体よりなる運営委員会で運営しています。賛助会員制度があり、現在九団体一個人が賛助会員となっています。

会員団体は、
・北海道ワーカーズ・コレクティブ連絡協議会
・埼玉ワーカーズ・コレクティブ連合会
・東京ワーカーズ・コレクティブ協同組合
・NPOアビリティクラブたすけあい（ACT）
・特定非営利活動法人ワーカーズ・コレクティブ千葉県連合会
・神奈川ワーカーズ・コレクティブ連合会
・ワーカーズ・コレクティブ近畿連絡会

表3

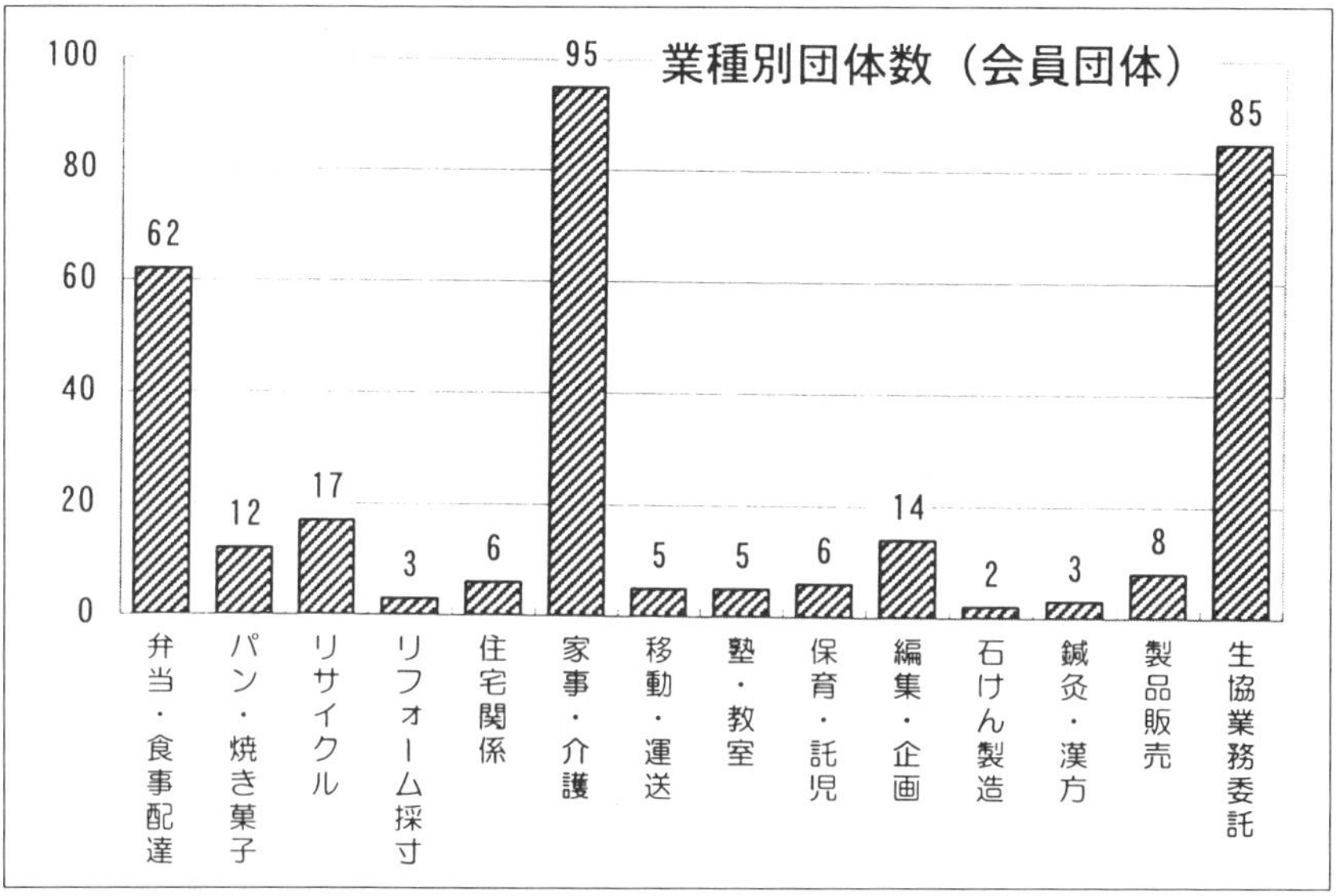

・ふくおかワーカーズ・コレクティブ連合会

・ワーカーズ・コレクティブくまもと連絡協議会

W.N.J.の構成団体に所属しているワーカーズ・コレクティブは三二五団体で、職種ごとに比較したのが表3です。

第2章

ワーカーズ・コレクティブの魅力

子育ての経験を生かしのびのびと混合保育〔託児ワーカーズ・北海道〕

1　雇われないもう一つの働き方

「働く」ことが稼ぐこととして久しく捉えられてきています。本来「働く」ということは人が生きていくために行う活動、行動のすべてを意味しています。

しかし産業社会が発展するとともに、金銭が支払われる賃労働のみが「働く」こととして評価され、支払われる分そこに価値があるかのように思われてきました。賃労働を支えている家事、育児、介護などの金銭の支払われない労働は支払われない分、そこに価値がないように長い間捉えられてきています。雇われて、賃労働に従事していると、自分の願いや思いと矛盾しながらも「仕事」と割り切り、活動、行動つまり働いてしまいます。

また、資格をたくさん得て、労働力が高く評価され、高い金銭で支払われたりすると、達成感があり、自己実現の錯覚に陥ったりしてしまいますが、所詮は雇い主の達成感であり、雇い主の自己実現にすぎません。

一方で利潤追求が最優先となるため環境汚染、南北問題と様々な問題をもたらしてきています。ものが豊かになり、経済大国となった割に見合う豊かさが実感できずにいるどころか、ものの飽和状態の中で、経済も滞り始めています。

また、労働に対するあり方が変ろうとしています。高い報酬、地位、業績、出世、といった伝統的価値から「自分らしく生きる」、働くことが生きがいになる「働き方」を選択する傾向にあります。出資をして経営に責任を持ち、雇われずに、協同して働くワーカーズ・コレクティブの労働形態が一つの選択肢として広まっていくものと思われます。

ワーカーズ・コレクティブは雇われずに働くということであり、つまり雇用主がいないということです。ワーカーズのメンバー一人ひとりが事業主であり、経営者であり、労働者であります。一般の事業では、事業主に決定権があり、事業主の指示命令に従って働くわけですが、ワーカーズ・コレクティブの場合は働き方も含めて、すべてメンバー全員に決定権があり、どこからもコントロールされることなく働けるわけです。

自由裁量権がありますが、同時に経営責任も負うことになり、良くも悪くもすべて自分達のせいというわけです。自分達の労働を自分達で決定し、管理していく働き方は、責任も伴いしんどいものがありますが、その分達成感があり、やりがいにつながります。また仕事に対しての思いや、こだわりも表現することができる自己実現型の働き方でもあります。雇われていたのでは出せない主体性をここでは発揮できるのです。

2　地域を豊かにする働き方

これまで、モノやサービスを供給していく主体は、行政と企業であり、私たち市民は多少の不都合や疑問を感じながらもそんな中で生活をしてきました。こんなモノがあったら、こんなサービスがあったらといった思いから地域に住み暮らす人びと、市民が、自分たちの社会に必要な労働を組織し、生活者の視点に立った事業体を作ったのがワーカーズ・コレクティブのはじまりでした。多種多様なワーカーズ・コレクティブが誕生し、生活に関する領域をワーカーズ・コレクティブで事業化していくことは、生活者、市民の自治能力が高まり、市民自治の拡大につながりました。

日本は世界に例を見ない早さで高齢化が進んでいます。これからの社会の課題である環境や福祉問題は行政（国や自治体）や企業にすべてを期待することは難しく、生活者である市民による市民の活動、非営利の市民事業は欠かせないものとなってきています。二〇〇〇年四月より公的介護保険制度が導入され、福祉分野のワーカーズ・コレクティブも保険事業に参入してきていますが、公的介護保険領域以外の多様なニーズは今後さらに高まることが予測されます。ワーカーズ・コレクティブが生み出すきめ細かいサービスの価値が更に発揮されていくでしょう。

3　協同すること

ワーカーズ・コレクティブは共通の願いを持った人たちが集まって、少しオーバーな言い方をすれば夢をかなえていくわけです。一人ではできなくても、仲間で協同することで事業を起こすことができます。資金的にも協同することの強みはありますが、なによりも知恵を出し合うことでさまざまな可能性が広がることにあります。また働いているメンバー一人ひとりの主体性があることでぶつかりあうこともありますが、「個」を出し合って民主的に協働していくことで、自律した関係が生まれます。
人が人の中で育ちあうという、あたりまえの仕組みがワーカーズ・コレクティブの働き方の中にあります。

4 ワーカーズ・コレクティブ運動のめざすもの

(1) アンペイドワークの社会的評価を高める

戦後日本の復興期に作られた大量生産、大量消費のシステムは経済大国日本を作りましたが、それは男性の長時間労働によるペイドワークとその労働を支える女性のアンペイドワーク（家事、育児、介護等）で成り立っていました。この極端な性別役割分業は産業社会において効率よく、生産性を高める戦略として組み込まれたシステムであり、アンペイドワークがもうひとつのGNP（国民総生産）といわれるのもその所以であるといえます。

アンペイドワークは人が生きていくために不可欠な労働でありながらお金が支払われない分、価値が見えにくいこと、女性（主婦）がやるのが当たり前の労働として評価されずにきましたが、女性の社会進出、少子高齢社会の到来によりアンペイドワークは社会的に必要な労働として認めざるを得なくなってきています。

しかしアンペイドワークを市場化し、賃労働で得た賃金と交換することが生活の豊かさに結びつくとも考えられません。アンペイドワークが物質的な価値、つまり生産性を追求していくこれまでのペイドワーク、賃労働のワークのあり方になじまないところがあるからです。ワーカーズ・コレクティブはこの社会化されたアンペイドワークをこれまでの雇用労賃労働に追従したペイドワークではなく市民事業として協同することで「市民」の参加を保証し、自分たち市民が満足のいく質を納得のいく価格で供給できるワークのあり方を示し、実践してきています。

ワーカーズ・コレクティブは、家庭内や地域社会と不可欠でありながら社会的、制度的に低い評価しかされていないアンペイドワークを社会的に有用な労働として捉え、その価値と役割を高め、制度化を進めていきたいと思います。

(2) 市民資本セクターの拡大

日本の経済構造を大部分占めているのは、産業セクターにある民間の営利企業と、税金で賄われている国や自治体の行政セクターです。私たちは生活に必要なモノやサービスを企業から買い、国や自治体に税金を納めることで社会的に必要なモノやサービスを得て暮らしています。ワーカーズ・コレクティブは市民の資本を集めてモノやサービスを地域に提供しているわけですが、企業とも行政とももまったく質の違った提供のあり方です。

営利企業は利潤を得ることが目的であり、社会的に必要なモノやサービスであっても企業の収益性が成り立たなくては提供できず、その事業領域において限界があります。したがって儲からない事業領域は行政が税金を使って提供しているわけですが、その事業運営については政権の担当者が決定し、市民は政府に委任しています。市民が税金を納めているにもかかわらず、市民が税金をコントロールするにはあまりにも遠く、市民が必要としていることがあっても、政治的な手続きを経て国や自治体が必要と認めなければ始まりません。市民が直接決定に参加することができない構造になっています。

これに対して利潤を得るためでなく、生活者、市民が必要なモノやサービスと自らのコントロールで直接充足するためにあるのが非営利の市民事業です。使い勝手の悪い行政システムに依存するのではなく、市民の資本をもとに知恵と労力を出し合って生活者、市民が抱えている課題を解決し、ニーズを満たしていく自治的な事業活動がワーカーズ・コレクティブであり、その事業領域が市民資本セクターです。

企業や行政の事業領域に比べればまだまだ小さくその意義も認知されていません。しかしこれからの社会は非営利事業活動が不可欠であり、市民資本セクターを強化していくことで、社会の可能性も広がっていくものと思われます。

第3章

なぜ法人格が必要か

ワークショップで実地の研修は編集ワーカーズの起業講座〔埼玉〕

現在、日本にはさまざまな形態の法人があり、それぞれの法律によってその有り様が規定されており、さらにその法人に対する課税の仕組みも違っています。しかし、ワーカーズ・コレクティブがそのまま認められる法律はありませんので、いくつかのワーカーズ・コレクティブは仮の法人格として「企業組合」や「特定非営利活動法人（ＮＰＯ）」格を取得しています。その他のワーカーズ・コレクティブは事業届けを提出し「法人格なき社団」としての扱いになっているのが現状です。

他の法人と同じような実態を備えていて、さらには法人税法上では全く同じように課税されているのに、法人格がないというのはどういうことなのでしょうか。自分たちがそのまま人格として受け入れられる「ワーカーズ・コレクティブ法」の制定が待たれます。法人格がないことによりワーカーズ・コレクティブはいくつかの困難を抱えています。法人格を取得して解決していきたいと考える主たることは次の点にあります。

1　契約主体になれる

・行政委託事業の受託　ごく稀な例として、法人格のないワーカーズ・コレクティブに自治体事業の委託をしていますが、多くの自治体では委託条件として法人格の有無を問います。法人格なき社団では代表個人との契約になり、行政は自分たちの責任の点からも受け入れたくないようです。

・介護保険指定事業者　介護保険サービスを提供するには「指定事業者」を受ける必要があり、

それには法人格が必要です。自治体によっては法人格がなくても同様の実態を備えていれば限定的なサービス提供を認めていますが、不安定要素の強いものであり、あまり積極的にすすめられません。

・不動産契約、借入金契約等　契約主体として認められない「法人格なき社団」であるワーカーズ・コレクティブでは、メンバーの個人、多くは代表個人が契約を結ぶこととなります。もちろん全員の責任でという合意はありますが、社会的には個人が無制限責任を負うこととなります。さらに、契約締結にあたっては、特別な例を除いて保証人を必要とします。その保証をメンバー（多くの場合主たる生計維持をしていない女性）が担うことも、社会的に拒否されます。事業をするためには必要不可欠な要素といえます。

2　財産所有主体となれる

ワーカーズ・コレクティブでは団体としての人格が認められていませんので、登記上や固定資産税の納入等はすべて代表個人名で行なうこととなります。

3　社会的信用、助成金、補助金等が得やすくなる

ワーカーズ・コレクティブの社会的認知度がまだまだ低い現状にありますが、人格を持つこと

により、それぞれに規定された法人別に対応している現在の行政体制の中で、一つの位置を獲得できる。そのことにより、ワーカーズ・コレクティブの社会化をすすめ、税金の還流を促すことができるようになります。

4　情報開示、他者への説明・理解度を上げやすい

法人格を取得することにより、人格なき社団でもすでにおこなっていることではありますが、事業内容や決算・財産状況等を一層社会的に公開できるようになります。ＮＰＯ法人においては、毎事業年度毎にその報告・縦覧を義務づけられています。広く情報を開示することにより、他者からの合意を獲得しやすくなります。

5　社会保障を受けやすくする

ワーカーズ・コレクティブが次善の策として取得している「企業組合」や「ＮＰＯ法人」では、雇用契約を結ばなければなりません。そうすることにより労災保険等の適用が可能になります。

しかし、問題は雇用者となったメンバーにはそれは適用されないということです。別途特別加入が必要になります。経営・運営・労働を一体的におこなっているワーカーズ・コレクティブの新しい働き方、就労形態は現在の法制度ではなじみません。

第4章

日本の協同組合の法制度の歴史

自立生活維持のため健康体操の普及を各地で〔東京〕

1 戦前は国家統制、戦後も官僚統制

戦前は国家統制、戦後も官僚統制の強いのが日本の協同組合の運動と法制度の歴史の特色です。そこで自立性や自発性、組合員主権の面からスケッチしてみます。

日本の社会システムは、江戸末期、「黒船来航」に始まる激動が一八六八年の明治維新の大政奉還という「復古＝受動革命[註(1)]」という形をとって新しい時代に入ります。本来、古い体制が崩壊するには新しい主体が登場するのですが、明治維新は古い主体、天皇制を掲げての近代化という特異な形をとりました。開国による「脱亜入欧」、すなわち、ヨーロッパモデルの輸入による上からの近代化の推進です。

そのため戦前は国家統制、戦後も官僚統制が権威を振るう社会となりました。そのため民主主義や自立・自治の気風が極端に弱い社会となっているところに大きな特徴があります。また、国家の天皇制が家庭の中では家父長制として貫徹し、公共性は国家が独占的に担い、かつ国家の秩序を意味するものと最近までされてきました。戦前、国家のために戦争で死んだものは「英霊」として靖国神社でまつられる社会でした。

協同組合法としての産業組合法が成立したのは一九〇〇年であり、この大衆運動の基盤となる法律は同時にその本格的自立を抑制するための治安警察法と同じ年に成立しました。ここに市民の力によってではなく、上から与えられかつ制限された日本の戦前の法制度の性格が刻まれてい

ます。

にもかかわらず、農業や漁業、消費者や零細な中小企業など、地域の中に次第に協同事業が生み出され、日本の多くの仕事の分野で協同組合が根づくことにもなりました。[註(2)]

では日本の協同組合は産業組合法以前になかったのかといえば（ほとんどの協同組合運動史は無視していますが）、日本独自の動きもありました。幕末期に江戸一〇〇万都市に魚と米・農産物を供給した房総半島の農村におこった先駆的な大原幽学の日常的な生活必需品の共同購入と地域改革のキーをなした先祖株組合です。その意味でも現在から未来を見るためには、過去の特徴と限界を知ることが大切です。

2　大原幽学の共同購入運動

一八三八（天保九）年、大原幽学は房総半島の長部《おさかべ》村に先祖株組合と共同購入運動をおこします。[註(3)]

先祖株組合は一一名の組合員が一人五両の先祖株（田一段歩に相当）の地株を出し合って共同管理し、そこから生じる利分で他村へ質地に入れられている土地を取り戻したり、潰れ家を再興したりする目的で作られました。また共同購入は、農具・種子・肥料・綿・反物・手拭・膳・椀・茶碗・鏡・針箱・櫛・かんざし・こうがい・キセル・薬品・下駄など生活必需品を取り扱い、土地の交換分合・耕地整理、家の屋根普請の共同作業、生活の場での教育の実施など、農村経済の立て直し、自作農の創設に力を尽くしました。ここに早くもコミュニティに根ざした自立の思想が読み取れます。

この日本で最初の協同組合、いやイギリスの消費協同組合ロッチデール（一八四四）やドイツのシュルツ系の農業協同組合（一八四九）に先立つ先駆的なものでした。それも地域で自治的に、かつ今でいう多様な社会運動から構成されていたことは特筆すべきことです。

房総の地は大都市・江戸への鰯、農産物や醤油などの供給基地。『天保水滸伝』で有名な大博徒で十手持ちの飯岡助五郎と侠客の笹川繁蔵が、用心棒・平手造酒を巻き込んでの世紀末思想と腐敗で悪名とどろく地でした。その地で大原幽学は農民や商人に博打や女郎買、強欲や大酒など一〇項目の「連中誓約」の人間精神の意識運動を進め、具体的な共同実践を地域社会に展開しました。当時の地方政権・下総の国領主より他の手本になる村として表彰されたほどでしたが、大阪の大塩平八郎の乱におびえた江戸幕府からの嫌疑を受け、六年の江戸送りの後、自死しました。しかし今も残る長部村の共同購入品と農地の耕地整理の美田は貴重な遺産です。

3　戦前の産業組合法と戦争による国家統制

わが国に一九〇〇（明治三三）年に成立した産業組合法は、基本的には統一協同組合法です。戦後は個別分野法ですから法律の性格が異なります。今日、統一協同組合法を採用しているのはカナダ、スペイン、ドイツなどもっとも多くの国々で行われている仕組みです。

産業組合法は、信用・販売・購買・生産（利用）組合の四種および各種の兼営組合を含む統一協同組合法として成立、一〇次にわたる法改正が行われました。

主な内容は「〈目的〉組合員の産業またはその経済の発達を企画する、〈区域〉市町村内、〈組織〉有限、無限または保証責任、〈種類〉信用・販売・購買・生産の各組合、〈組合員数〉七名以上、〈出資金〉一人一〇口以内、〈準備金〉金額を定款で定め、毎期利益の四分の一以上を積立てる、〈表決権〉平等」などからなっていました。

戦前の法制化運動をリードしたのは未公認の信用組合と販売組合でした。一八九八年の統計では法制度以前に信用組合一四四、販売組合一四一、購買組合三九、生産組合一四、利用組合八の合計三四六がすでに活動していました。

産組法の中核は農村産業組合です。近代化の中で圧倒的多数の農民は国家が工業への優遇政策と安い労働力を確保するための農村分解を進めたため疲弊、そのため国家が農村内での相互扶助組織として自助と共助の農村産業組合を育てました。ピラミッド型の産組系統制度の下で、農業者の加入は農家戸数と対比して四分の三を上回るまでに広がりました。

しかし一九三一（昭和六）年の満州事変以降の「一五年戦争」で準戦時体制から戦時体制となり、戦時下には統制団体、農業団体法の農業会に変質していきます。軍国主義の大政翼賛会の下、統制経済となり空洞化しました。また、農民の階層別にみた利用実態はわずか五％の地主が役員の三六％、貯金の五七％、貸付金の四八％、販売額の六〇％（一九三三）を占め、農村の地主支配は歴然としていました。

戦後、ＧＨＱは軍と財閥解体とともに農地解放によって自作農を増やし農村の民主化を進めようとしました。

今日、生協の名で親しまれている協同組合は、戦前、市街地購買組合ですが、普通、消費組合と呼ばれていました。最初、共働店など労働運動の影響で生まれます。日本における自覚的な市民による消費生活の側から生活空間、社会空間を作り出す社会運動が登場するのには、日清・日露戦争から第一次世界大戦を経て明治維新から半世紀という時間を必要としました。富山のコメ騒動とロシア革命を引き金として様々な社会運動の一つとして生まれました。

4　家庭会運動と分裂を許さなかった女性の運動

神戸のスラム街に誕生した神戸消費組合（一九二一）は、賀川豊彦らの労働運動、農民運動、医療・セツルメント運動などと深く連携しながら、都市底辺労働者の社会空間に非営利・相互扶助の社会システムを立ち上げていく一環として生まれました。

関西では主に労働者ミッションによる労働運動、農民運動、消費組合の形成が大衆基盤を伴って進められ、また関東では吉野作造を理事長として発足した家庭購買組合から端を発して関東消費組合連盟が大正デモクラシーの高揚の中でつくられていきます。店舗組合も生まれますが売掛金が多くて倒産していきます。また、法の認知を受ける組合に対して受けないで活動する組合も多く、一九二九（昭和四）年では法認一五九、法認外一六〇とほぼ同じ数でした。

この時代を振り返る時、市民活動、とりわけ女性運動の側から二つの成果を残しています。一つは英国の婦人ギルドから学び、神戸に女たちの活動家集団を形成し家庭会運動によって組合員の声を事業と活動の面から消費組合の運営に反映させ地域社会に根をはったことです。二つは、男たちの運動が労働運動や政党運動に分裂を繰り返していく中で、消費組合にも持ち込まれたイデオロギー的対立と分裂を女性たちがガス代値下げ市民運動を通して消費組合の分裂を許さなかったことです註(5)。

なかでも、神戸の家庭会運動は、個人の消費力を組織しました。ロッチデール型協同組合から影響を受けながら、店舗ではなく消費組合の個人別配達、家庭係制度を独自に発展させました。家庭会は組合員の総代と意志ある人々の場として協同組合思想の実践を日常的な生活空間のレベルで地域にアソシェーションとして具体化しました註(6)。

それはそれまでの著名な指導者の影響ではなく地域の普通の人々、その無名性を特色としている点に現代性があります。つまり地域からの市民の登場を意味します。日本では神戸と福島にその足跡を残しました。しかし、一九三七年頃には関消連や消費組合連合が解散させられ、一九四一年の食糧管理法に基づく戦時統制によりほとんどの消費組合が壊滅しました。

信用組合は産業組合法ができる以前に平田東助らによって、シュルツェ系をモデルとして一八九一年、単独の法案が上程されますが不成立、そのあとライファイゼン系をモデルとした産業組合法の成立となりました。国家主導のもとで畜産・漁業・森林・商工・医療などの分野に産業組合が生まれ定着します。一目で分かる図として、白石正彦協同組合学会会長の「産業組合法・各

産業組合法・各種協同組合法ならびに各種協同組合の系譜

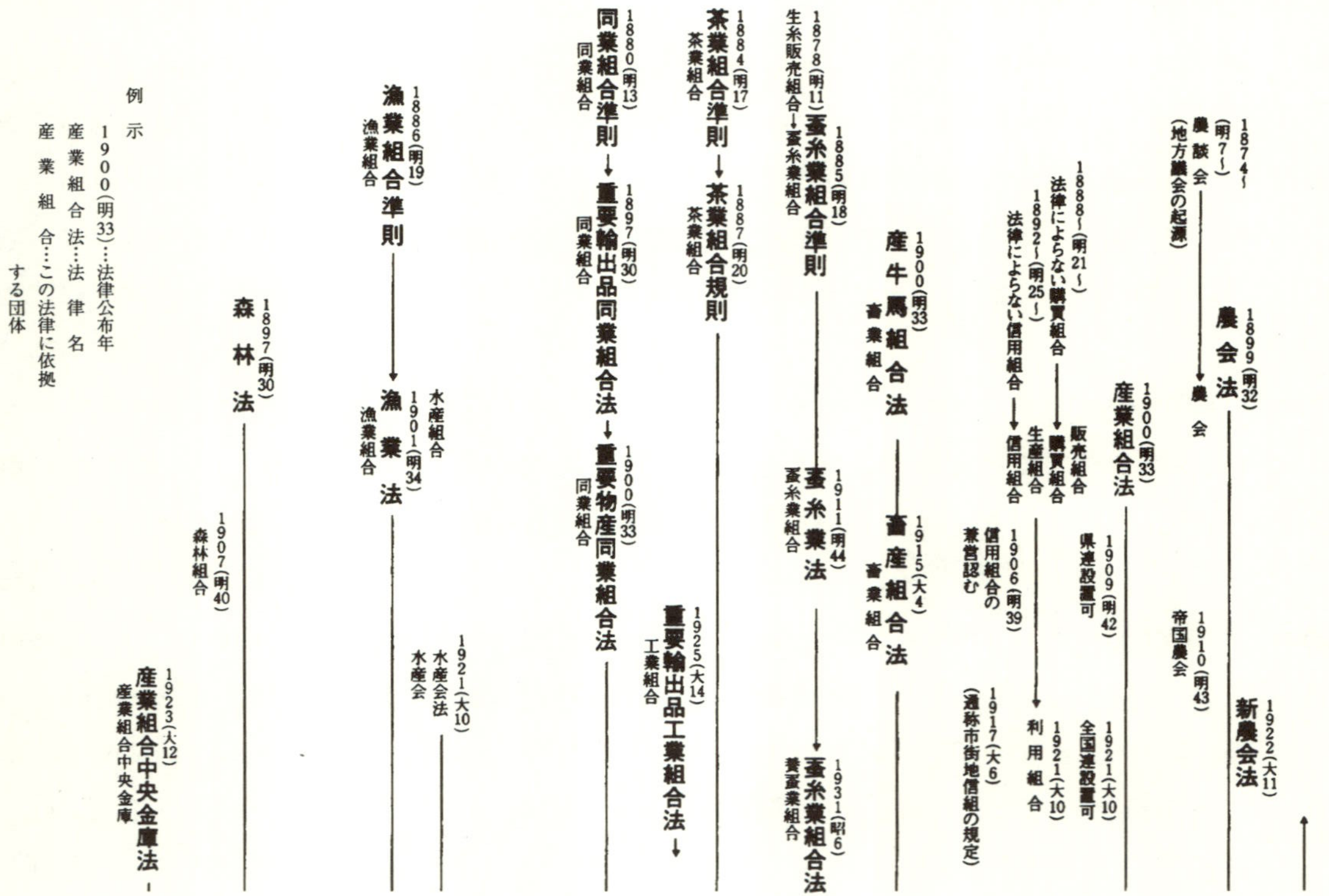

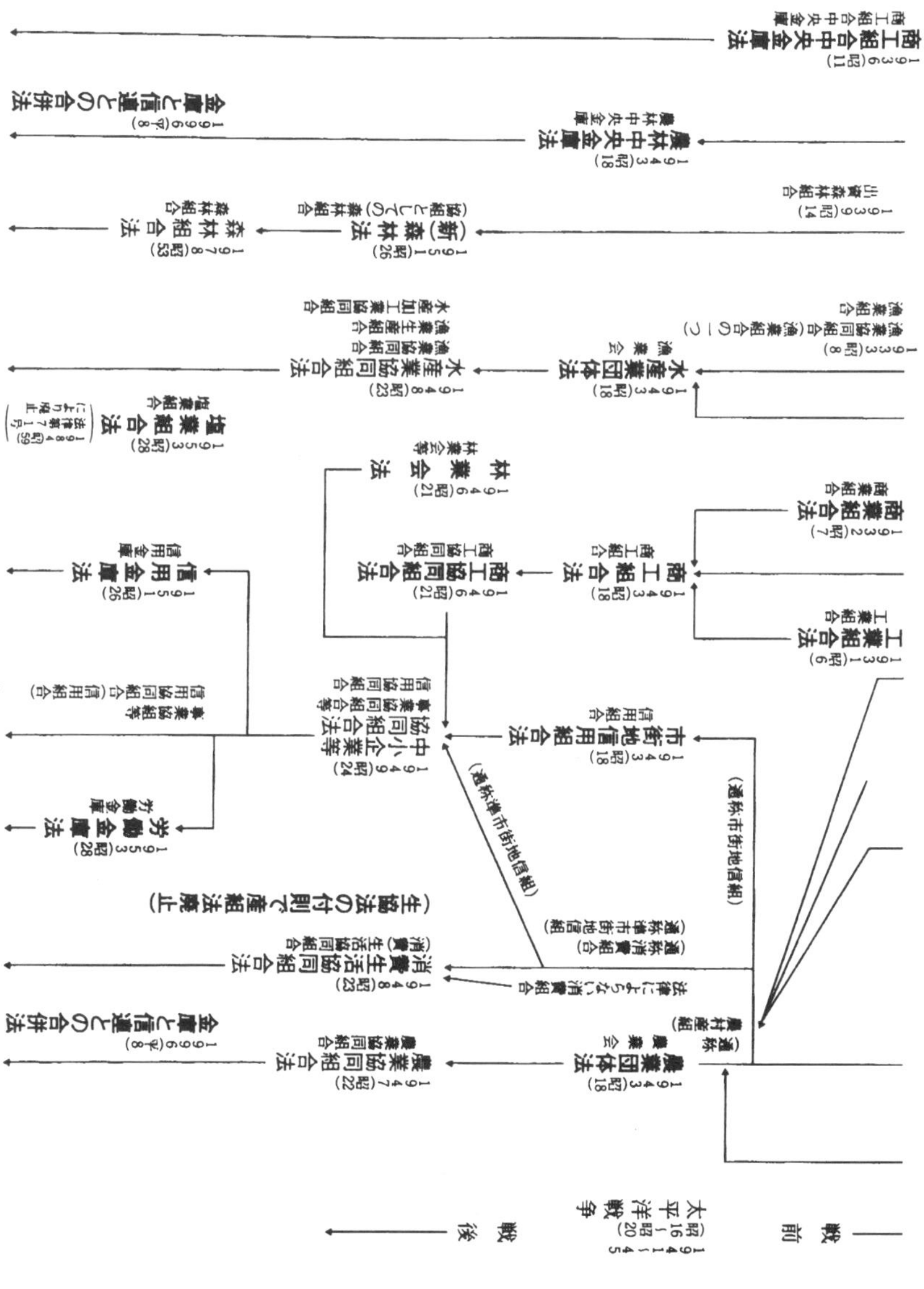

注：「年表・図説による金融・経済・農林水産業系統団体の姿」（協同セミナー刊）より抜粋

種協同組合法ならびに各種協同組合の系譜」を掲載しますので、参照してください。註(4)

5　戦後の個別分野法としての協同組合法

戦後の協同組合法制が個別分野法となったのは、協同組合法の復興にあたっては、GHQがファシズムに屈伏した戦前の国家と直結した産業組合法型を嫌い、市民が自主的につくるロッチデール型協同組合を求めたからです。

すなわち農村では小作の自作農への転換を促進する農地改革のもとでの農協、また都市では地域の戦争協力組織だった町内会・隣組を解散させ、それに代るものとして民間人による生協への期待だったのです。当時統一協同組合法をつくる意見もありましたが、官僚の作る統一法制ではなく、市民が自主的に法案を作ってきた消費生活協同組合法が一九四八年成立しました。第一条の「目的」に「国民の自発的な生活協同組織」とあるように、戦後協同組合法制の中で唯一、「自発的」な用語が記されている画期的なものです。

こうして戦後の職能別協同組合法制が、農協、生協、漁協、森林組合、中小企業等協同組合として作られ、それぞれの省庁の管轄を受けることになります。しかし、組織三段のピラミッド型であるため、単協主権や組合員主権、ましてや組合員自治は「与えられた民主主義」のため弱く、それぞれの省庁の法律改正によらない通達によって、戦後は官僚統制が幅を利かすことになっていきます。

生協にあっても、雨後のタケノコのように生まれた地域生協の店舗はほとんどが規模が小さく、資金と物流の弱さから破綻していきます。そうした中で戦前戦後、家庭係制度の個人配達制度の神戸と灘の生協が地域の女性の力を組織して生き延びます。むしろ戦後の生協を牽引したのは労働組合と地区労を中心とした地域生協です。中でも、鳥取西部生協は、今日のスーパーマーケットの形態で、良質なものを安価に地域に提供したことで、「米子まいり」とよばれるほど商店主の見学を引き起こし、その時の生協専務が「生協は営利企業ではない、利益が出れば組合員に割戻しをする」と語って商業界に衝撃を与えます。

6　ワーカーズ・コレクティブ法の先駆、生産合作社運動

戦後の個別分野法の制定運動の中で、ワーカーズ・コレクティブ運動の先駆といえるものに生産合作社運動があります[註(7)]。

戦前にも恐慌期に萌芽的な実践があり、また、日本の中国・上海占領により破壊された工業の再興における合作社運動を踏まえ、敗戦直後に各界を網羅して起こりました。敗戦直後に発行された『再建合作社はなぜ生まれねばならぬか』は「民生の自主確立なくして民主はない。いたずらに民主の政治理念や組織を模索する前に焦眉の急である民生の恢復維持、更に工場に最大の努力をなすべきである」（民生か、民主か）と訴えます。

インフレと大量失業のなか、引揚者、戦争未亡人、罹災職人などを中心に三五〇社以上の結成

をみ、農産物加工品、ワラ加工品、木炭練炭、木工、土建、紡績、縫製品などの業種が主でした。これはわずか三年という短い年限の中で終焉した幻の運動となり、一九四九年に中小企業等協同組合、中でも企業組合の法制化に変じていった経過については、研究会の中で、樋口兼次教授が詳しく語られています。このダイナミックな歴史は協同組合運動史の欠史の一つですが、婦人合作社—婦人生産協同組合の構想も存在したことは注目されます。

7　班別予約共同購入型生協と大型店舗生協

一九六〇年を境に日本の消費社会が本格化します。反安保のうねりが退潮すると石炭から石油へと産業構造が転換、大手流通資本の全国的動脈が形成されるのに対抗して、生協には二つの流れが生まれます。

それは生協合併と店舗展開であり、その中心は灘神戸生協（現在のコープこうべ）の店舗理論を構築したペガサス研究会の流れです。それに陸続したのが、大学生協から地域生協へ展開した市民生協です。大手流通資本と対抗したコープ商品を共有してロット力を高め、店舗と共同購入を併用します。

これに対し、生活クラブは、「社会運動型生協」とよばれたように、①市民主義、②生活者、③自主管理・自主運営、④女性の社会参加の四つの視点で、商品社会に対する異議申し立てとして、生活に必要な材を作る運動を組合員の生活の計画化に基づく班別予約共同購入として、また

「加害者になるのをやめよう」という人間関係に基づく社会問題への取組みとあわせ独自展開しました。[註(8)]

一九六八年の世界的な黒人・学生・女性の反乱と七〇年代初頭のオイルショックは、文明への問い直しを迫り、シングルイッシューの新しい社会運動が登場します。消費の分野でもたまごの会、ナチュラルハウス、大地を守る会、らでぃっしゅぼうや、自然食品の店、オルタ・トレードジャパン、第三世界ショップなど様々な有機農業の産直やフェアートレードの組織が生まれます。

8　多軸重層型の新しい協同組合やNPO、そして新しい協同組合

七〇年後半、生協に試練がおとずれます。すでに組合員三〇万人規模、家族数一一〇万に達していた灘神戸生協で金の延べ棒や森永製品の供給をめぐって労組から「生協民主化公開討論会」が提起され、これを契機に生協のあり方と供給政策全般の見直しが行われ、その結果、八〇年代の市民生協躍進の原動力としてのコープ商品が強化されます。「生協民主化」の成果です。[註(9)]もう一つは生活クラブの支部委員会に執行権限を解き放ち、総代会方針は支部大会の事実上の集積とした「自主管理・自主運営」の「生協自治化」への改革です。この延長に、ブロック単協化、生活者ネットワーク、ワーカーズ・コレクティブ、福祉分野の独立化などの分権・自治が深められます。

しかし九〇年代にはいると「豊かな消費＝過剰浪費」に対応した市民生協の大型店舗への傾斜

とバブルの破裂が重なって経営危機を生み、班別予約共同購入もまた女性の社会参加と主婦層の解体、外食・個食のなかでの人間関係の希薄化、予約の計画性の維持が困難に直面し、いずれも変化に対応した新たな組み立てが問われる段階に入りました。阪神・淡路大震災のボランティア活動を通じてNPO法制化へのうねりが起こり、「特定非営利活動促進法」が成立します。労働者協同組合、高齢者協同組合の仕事起しの動きも活発化し、ワーカーズ・コレクティブと論議をたたかわせながら「雇用・被雇用」を越えた多様な働き方としての協同労働の法制化運動がハーモニーしあって活発化します。

こうした中で、九〇年初頭のバブル崩壊によりデフレ・自由化時代が到来し、戦後の縦割り協同組合法制のインフレ・規制時代に力をふるった官僚の通達行政は今では改革にとって弊害となっています。それは協同組合の自主性を奪い、民主主義の形骸化を生み出すばかりか、経営危機の中で事業・運動体としての目的意識が希薄になってきています。註(10)

大失業時代には、地域社会に社会階層を横断した多様な非営利活動の組み立てが必要になっていますが、自らその活路をふさいでいます。しかし農協の中から朝市を引き継ぐ農産物直売所や道の駅などの取り組み、「市民農園・学童農園」や「福祉農園」の動きも注目が集まり、生協もまた、消費に限らず「まちおこし」や福祉・介護分野への積極的な参画がすすみはじめています。

ステイクホルダー論にみられる垣根を越えた利害関係者間の対話の中で「まちづくり」が、市民・協同セクターの共通の課題になってきています。これは一九九五年のＩＣＡの新しい協同組合原則、なかでも「コミュニティへの関与」が共感をもって迎えられている動きといえます。その意味で多種多様な目的を持った簡便で自立的な新しい協同組合がＮＰＯ法人のように設立できることが望ましく、統一協同組合法や協同組合基本法の必要性を求める声が高まってきました。ワーカーズ・コレクティブ法とは、まさにこうした流れの中で新しい労働の自治論として注目を集めています。註(11)

〈**参考文献**〉

註1『二〇世紀の意味』（石堂清倫著・市民セクター政策機構）
註2『協同組合 〝一〇〇年の軌跡〟—振り向けば産業組合—』（協同組合懇話会）
註3『大原幽学研究』（越川春樹著・大原幽学顕彰会）
註4『協同組合の価値と実践（全中ＪＡ「産業組合法公布一〇〇年記念」）
註5『消費者運動・八八年の歩み』（野村かつ子・おもだかブックス）
註6『私たちの歩み—婦人活動六〇年』（灘神戸生活協同組合）
註7『合作社運動』（国井長次郎著作集第二巻）
註8『生活クラブ運動と協同組合は今…』（河野栄次『社会運動』二三八号）
註9『生協民主化のはばたき』（山崎敏輝・同時代社）
註10『デフレ・自由化時代の協同組合』（炭本昌哉・農林統計協会）
註11『ワーカーズ・コレクティブ法をつくろう』（Ｗ．Ｎ．Ｊ．）

第5章

ワーカーズ・コレクティブ法研究会における4つの提言

国産小麦と天然酵母にこだわった手作りパンの店〔(企)グレイン・東京〕

1　ワーカーズ・コレクティブ法研究会とは

一九九五年の設立以来、W・N・J・（ワーカーズ・コレクティブ・ネットワーク・ジャパン）はワーカーズ・コレクティブ法の設立にむけて活動を続けてきました。九七年にワーカーズ・コレクティブ法案要綱第一次案を、九九年には法案要綱第二次案を発表しました。その後、法制化を実現するために、市民セクター政策機構とともに準備をすすめ、各界からの参加を得て二〇〇〇年の九月にワーカーズ法研究会を発足しました。研究会は以下のことを目標としました。

☆ワーカーズ法の意義を確認し、ワーカーズ法に盛り込むべきことを洗い出す。

☆法律をつくるために必要な活動を確認し、社会的な認知をすすめる。とくに既存の法制や新しい法制についての識者からの提案や叱声を得ることとしてすすめました。

【会合の経過】

第一回　二〇〇〇年九月　会の発足と状況の確認

第二回　二〇〇〇年一一月　提言・白石正彦氏

第三回　二〇〇一年一月　提言・炭本昌哉氏

第四回　二〇〇一年三月　提言・樋口兼次氏

特別学習会　二〇〇一四月　提言・石見　尚氏

第五回　二〇〇一年五月　「方向性と見解」確認

つぎに既存の法制・新しい法制について研究会での発言を紹介します。

2　中小企業等協同組合法の企業組合

樋口兼次（白鴎大学教授）

ワーカーズ・コレクティブは、その社会的認知を受けるために、早くから「企業組合」を取得して事業展開をしてきたいきさつがある。樋口兼次白鴎大学教授は、「企業組合は、戦前の生産組合、戦後の生産合作社運動の歴史を引き継ぐ協同組合であり、ワーカーズ・コレクティブ法制化の組織法の側面ではほとんど織り込まれている」として、「企業組合」を活用して、実態的な事業形成の重視を強調されている。

(1) 企業組合の歩み

企業組合は生産組合

農協法に農事組合、漁協に漁業生産組合、森林組合法に生産森林組合がある。それら一次産業を除く二次、三次産業の部分が中小企業等協同組合として規定され、その生産組合として企業組合が規定されている。

協同組合における企業組合の位置づけ

	利用協同組合	生産組合
一次産業	農業協同組合	農事組合法人
	水産業協同組合	漁業生産組合
	森林組合	生産森林組合
非一次産業	中小企業等協同組合	企業組合

「会社」には語感からくる違和感があるが、生産組合とは「協同組合型会社」であり、その協同組合型企業は明治から存在した。

明治期の代表的生産組合活動のひとつには「測器舎」の例がある。当時、女性運動・社会主義運動に加わっていた神川マツ（西川マツ）は、政治体制を倒して制度をつくれば社会が変わるというのは幻想だとの認識で、測器舎を作った。その後、生産協同組合は、明治後期から産業革命の進んだ大正期に全国に広がることとなる。それが一五年戦争時に国策で統合され、株式会社化へと進み、その過程でほとんどは消えた。

戦後「合作社」がはじまったのは日本であり、それはCo-operativesの和訳語として日本に生まれた。その名が後に中国に渡り「公私合作社」としてひろまることとなる。「合作社」運動は大衆性、民衆性、自発性を持った民衆のものと言える。国際的には蒋介石夫人の宋美麗、ダレルベリガン、エドガ・スノーらなどが関わった。日本でも賀川豊彦も参画した。

戦争被害者の復興運動の際に、戦争未亡人や引揚者、失業者が、資材、資金、労働を持ち寄って生活を復興しようと開始された。その動きをGHQのリベラル派が支援した。「君の名は」の真智子巻きで有名なジャンテイ織物も、その合作社のひとつであり、他にニムウエルズ縫製合作社などというのもあった。

一方、日本共産党は合作社を非難して、「階級闘争を否定する小ブル闘争、合作社は敵対的活動」と規定した。しかしながら、その中でも黒木重徳らは支持した。

四八年までに設立した合作社はその後、戦時組織と一緒に強制解散となった。ほとんどが崩壊し、静岡の針谷設計など一部が企業組合となった。

合作社から企業組合へ

片山内閣時に法制化が準備されることになる。商工省のリベラル官僚が支持して一九五九年に「中小企業等協同組合法」制定により立法化された。この過程から企業組合は中小企業のものという誤った理解が生まれている。

その後、企業組合は共産党が反税闘争に利用するという経過があり、偽装脱税団体に指定され、弾圧されることとなる。その代表的な事件に、綜合企業組合・平安企業組合（会員三〇万人）の弾圧が有名である。以降、企業組合は異端視され、企業組合のイメージダウンとなり、ひっそり日陰で続けられる経過をたどる。

一方で全駐留軍労組、あるいは炭労解雇者の職場作り運動として企業組合は多く設立される。

最近、八〇年代頃以降ワーカーズ・コレクティブが注目することとなり、新規創業に有効として再度見直されている。一般的には中小企業の団体と見なされ、所轄する中小企業庁が通産省（現経済産業省）のなかにあるので産業政策の一環と見なされている。

企業組合は戦前戦後の忘れ去られた存在であり、小さな火花だった。従来の内外の生産組合研究でも忘れられている。

（2）組織法として整っている企業組合法

①主体者：勤労者その他の者（一条、八条）

企業組合を構成するものは有業者、無業者なんでもよい。事業者も含む多様な人々（法人）として規定されており、勤労者に意味があるわけではない。

三条「中小企業等……」の「等」は中小企業者以外の個人を意味している。「信用協同組合」「火災共済協同組合」「企業組合」は事業者以外の個人、勤労者などが作ることができる。

②法人格を付与（四条）

③協同組合原則による事業体（五条）

基準原則は相互扶助、加入脱退の自由、政党利用の禁止（政治活動の禁止ではない）である。「企業組合」という変わった名称は、法律用語としての「生産」が意味するものは「物的なものを作る」と限定された範囲で生ずる問題があり、その結果の命名であった。その際には「協同組合会社」という名称候補もあった。組合と会社の違いをことさらに強調して区別しようとするのが日本の社会である。そうした区別は生産協同組合に対して日本社会が馴染んでいない証左と言える。

④どんな事業でもできる。事業全般がＯＫ（九条）

事業の内容は定款で定めれば何でもできることとなっている。「事業」は「営業」よりも広い概念であり、「金もうけ」でない活動も含まれる。

⑤従事者による支配（九条、一〇条）

九条の二（組合員従事比率）組合員の三分の二は従事しなければならない。

一〇条の三（従事組合員比率）従事者の二分の一以上は組合員でなければならない。

以上のように二重に規定している。

また、出資の過半数は従事組合員所有を規定している。

労協の「労働者協同組合法」に対するワーカーズ・コレクティブ側からの批判に「従事比率が三分の二、組合員比率が二分の一であり、企業体的性格である」というものがある。私の意見としては、かなり企業的になってしまうものもあるだろう、あくまでもボランティア的に行く人もいるだろう、ということを組織法としては包含しているに過ぎない。多様な存在を組織法でどう拾うかということだと思う。

⑥持ち分出資者支配の排除（一七条）

もともとの会社というものは、合名会社がそうであるが、出資者は経営に参加し、働きもした。それが会社の原型と言える。その後、それが出資と配当だけするという分離が生まれ株式会社となった。

その中で生産協同組合は初期的会社と同じ質を持っている。

持ち分出資者、持ち分資本家・機能出資者、機能資本家（参加し働く出資者）の支配を規定している。また持ち分の他者への譲渡の禁止し、組合の承認無しには譲渡できない。しかも譲渡対象は組合員の資格を有するものと規定している。

⑦有限責任制（一〇条の五）

出資限度を規定し、失敗時は出資を放棄する。

⑧組合財産の分割（二〇条）

合名会社はコレクティブと同義である。

脱退者の持ち分払い戻し請求権を規定している。これはパートナーシップである限りついて廻る原則であり、株式所有と支配関係の分離がない限りついて廻る。その点で会社財産の分割を否定した株式会社とは対照的である。その代わり株式会社は持ち分の自由譲渡を認めている。

⑨従事分量配当の優先と出資配当の制限（年一割限度）（五九条三）

全体として良くできていると評価でき、組織的には問題はないのではないかと思われる。そうした評価をすると、所有権、健保の問題、基本的人権の問題等に係わることで問題点がない場合は、新規法制は無理となる。

現状の協同組合は、官僚支配、縦割り行政の問題が存在する。（現政権もそれを改革するということになっている。）

企業組合は経済産業省の中小企業庁が主管する。もともと中小企業庁は本来は閣僚級の行政組織と言える。総ての行政庁にまたがって作るという話だったが、結果的には通産省に所属するようになった。法律文にはその点の言及はない。

こうした縦割り行政の下で、企業組合は経済産業省の主管で「中小企業の組合制度」という見方が染みついた。立法上は各省が所管できるものである。例えばワーカーズ・コレクティブの場合は、（業種、目的によって）分野によって所管が分かれるはずである。

（3）展望

①自発的に生まれた運動を発展的に継承

市民の間に自発的に生まれた運動だと思う。そしてその継承が問われている。政党が利用する引き回しは常にあることだが、共産党による税制闘争の影響は極めて大きかった。

社会運動家の多くは「種を蒔いて曠野にさらす」という無責任な人が多かった。

測器社は合名会社として存在した。合名会社というのは、企業組合よりもっとラジカルな生産協同組合になりうる存在である。無限責任制なので私財をなげうつ覚悟が必要だが、名前を連名する会社である。

社会運動家はそこに出入りして利用するが、その点、神川マツはそれを拒否した。その結果、有名にはならなかったが、ひっそりと生き抜いた。そのあたりは山村喬が書いている。

②多様な市民型事業運動の経験を蓄積し、運動化する必要

多様な市民型事業運動の経験を蓄積し、運動化する必要がある。それぞれ多様な考え方、いろいろな形があることがよいのではないかと思う。法律制度というものはあまり型にはめる必要はない。ラディカルに自由を追求する人たちも、秩序的にやりたい人たちも包含するというのが法律のあるべき姿と言えるだろう。

営利か非営利かを巡っても制度としては一つでよい、というのが近代法の概念である。

③解決すべき課題の整理と解決策のつめ

組織法で解決すべき問題と個別政策で解決すべき問題を区別することが重要だ。

④市民事業組織の選択にあたって

市民事業組織を営利、非営利のいずれかで行うかの選択は、会社かNPOか、企業組合かで考えればよい問題である。

一方で企業組合と会社の延長、もしくはイメージとしてワーカーズ・コレクティブ的なものまで含めたものを一つの組織法で作ることは無理ではないかと思っている。

非営利かどうかの問題は、出資配当を容認するか否かの問題と言える。

利益を目的とするか否かの問題については、最初から利益を追求しないと大幅な赤字が待っているのが現状ではないか。利益を目的とはしないが、利益は必要であり、重要な点は公益性と集団の利益を両立させることではないか。集団=団体=コレクティブの利益をどう考えるか。成員のために動くものをコレクティブという。

公益性、例えばホームレスへの支援を外部からする場合、公益性とすれば、ホームレスの方が自ら自立活動をする場合をコレクティブという関係にある。

その点で「企業組合は営利企業である」というのは全く誤り。営利追求から、追求しないものまでを包含する制度が必要とされている。アメリカでもヨーロッパでもそうである。株式会社でも非営利運用は可能である。現に合作社の多くは株式会社であった。

生産協同組合は合名会社だった。これは、定款の規定によった。商法や民法に反する規定はできないが、そのぎりぎりのところでやれることは多くあり、定款を完全に改竄して作っている。過去にそうした多くの例がある。

会社は営利、組合は非営利というのも間違いであり、もともと同根のもの。言葉として違うのも日本だけであり、英語、ラテン語、ドイツ語はみな同じ。「コレクティブ、ソサエティ、アソシエーション、コーポラティブ、カンパニー」という言葉は、会社であり、社会、組合である。そこに違うものを感じてしまうのが日本的解釈、日本語的先入観といえる。早く捨てる必要がある。

これからやるべきは市民型運動＝市民型ビジネス事業。米国のボランティア、NPO活動はとても営利的なものからボランティア的なものまで幅広い。それが共存し、交流している。我が国では営利、非営利で区分けする。場合によっては、会社でも社員の給料を平均の半分にして、その他全部を慈善団体に寄付するところもある。やりようが問題と言えるだろう。市民型事業を経験化し、蓄積することが必要とされている。制度上の問題もあるから、それを整理し、どう解決するかを整理すべきである。

もっとも、エネルギーを割くべきは事業活動そのものである。多様なワーカーズ・コレクティブの経験を交流し、相互に学習し、よりよい運営方法を作り上げていくことが重要で、そこにこそエネルギーを投入すべきだと思う。現在のワーカーズ・コレクティブ法を追求する運動は、相当のエネルギーが要求される割には成果が期待できない、というのが私の意見です。

3 消費生活協同組合法（生協法）の改正による生活事業組合法人

白石正彦（東京農業大学教授）

ワーカーズ・コレクティブ法研究会では、法制化についてのさまざまな見解について論議しています。第二回会合では白石正彦教授（東農大）から「ワーカーズ・コレクティブ法を生協法の中に位置付ける」提言がなされた。農協法と農事組合法人に似た「生活事業」論である。提言趣旨を改めて寄稿いただいた。

(1) 二一世紀における日本の協同組合法制の視点

日本では、ドイツの協同組合法制をモデルとした協同組合一般法としての「産業組合法」が一九〇〇年に制定された。その後、戦時中には農業団体法等へと変質し、戦後改革の一環として職能別協同組合法制として農協法、生協法等に再編された。しかし、職能別協同組合法制が想定していない新たな分野の協同組合や協同事業活動が広がり、法制度と実態の乖離が広がっている。

私の日本の協同組合法制度への問題意識は、一九九九年の国連ミレニアム・サミットで参加一八九ヵ国の全会一致で採択された「国連ミレニアム宣言」と一九九五年の「二一世紀の協同組合原則（ICAの協同組合アイデンティティ声明）」をふまえて、多様な協同組合運動を視野に入れ、包み込む「協同組合基本法」の制定が大きな課題であると考える。その上で、既存の職能別協同組合法制を二一世紀の協同組合原則と実態をふまえて改正すべきであり、労働者協同組合法やワーカーズ・コレクティブ法の制定も構想されるし、加えて、新らしいタイプの協同組合は、「協同組合基本法」でも法人化できるようにすべきである。

しかし、同時に、デンマークのように協同組合法制がなく商法等を準用して、協同組合が活力をもって事業活動を行なっている事例もあり、「法律ができればなんとかなる」と法制度に依存しすぎる考えがあるとすると疑問に感じる。

(2)「生協法」を改正し、新たに「生活事業組合法人」の条項を盛り込めないか

『二〇〇〇年度Workers' Collective　全国ワーカーズ・コレクティブ（コープ）一覧』（ワーカーズ・コレクティブ　ネットワーク　ジャパン、二〇〇〇年二月）では全国四六三団体、一一、五九三人、総事業高七二億七、六三二万円の動向が取りまとめられている。

私の見解は、全国ワーカーズ・コレクティブが生活クラブ生協の運動を母体として、分化・発

展してきた流れを重視すれば、それに対応できるように生協法の中に、例えば「生活事業組合法人」という条項を新たに加え、「生協運動」と「ワーカーズ・コレクティブ」運動が相乗効果を発揮できるようにできないかと考える。

農地改革の成果を維持・発展させるねらいをもった「農協法」（昭和二二年に制定）は、当初、正組合員を「農民」に限定していた。しかし、小企業的農民の出現や近代的な協同利用のための機械・施設組合づくり、複数の農民による協業経営づくりのニーズが広がる中で、農業基本法制定（昭和三六年）の一環として昭和三七年に「農協法」の中の第二章の二に新たに「農事組合法人」の条項が盛り込まれ、第二章一の「農業協同組合及び農業協同組合連合会」で農協の正組合員資格を農事組合法人が有すると規定している。

その後、数次の改正が行なわれ、現段階では、農協法の「第二章の二　農事組合法人」に目的、名称、人格、非課税、住所、事業、事業に常時従事する者の数、組合員の資格、定款の記載事項、役員、決算関係書類の提出、備付け及び閲覧等、総会の決議事項、特別決議を要する事項、配当の制限、設立、解散、合併の手続、組合員、管理、設立、解散及び清算に関する民法等の準用が第七二条の三～第七二条の一八、第七三条に盛り込まれている。

（3）「ワーカーズ・コレクティブ」は協同組合らしい事業・組織革新に挑戦すべき

平成一二年一〇月開催の第二二回JA全国大会議案（『農と共生の世紀づくりに向けたJAグループの取り組み』）では、平成一五年度末までに女性の割合を正組合員では現在の一三・六％

から二五％へ、総代では一・九％から一〇％へ、合併ＪＡにおける女性理事を〇・一人から二名に増大する女性参画の促進を決定している。

例えば、平成一二年一一月に訪問した福岡県糸島農協では、農力による三づくり運動（活力ある人づくり、魅力ある豊かな地域づくり、すばらしいものづくり）に挑戦している。この重要な担い手として正組合員戸数（四、六六七戸）を上回る部員数（五、一五六人）を結集している女性部が注目される。

女性部は、組織部、農業部、健康部、教養文化部など機能別内部組織があり、さらに年齢階層別にゴールドミセス、グリーンミセス、フレッシュミセスが組織化され、理事会に女性理事を出し、①農産物や加工品の直売のための朝市・夕市の開催（一〇〇名の部員が八ヵ所）、②家庭菜園コンクール、③学校給食への食材供給、④自給五・五運動、⑤次世代の児童・生徒を対象にしたジュニアー料理教室、クッキーづくり、⑥糸島農業高校の女生徒と共に地元大豆を使ったみそづくりや農家での農業実習の受け入れなど食と農を結びつけた新しい女性起業家的なイキイキした取り組みを行なっている。

ワーカーズ・コレクティブに求められているのは、生活クラブ生協や他の生協、農協、漁協、森林組合、労働者協同組合等と連携し、「ワーカーズ・コレクティブの価値と原則」に明記された「地域の生活価値」を開花させる事業革新を先行させつつ、再点検し、新たな法制度を構想すべきだと考える。英国ロッチデール公正先駆者組合のリーダーたちが一八四四年に壮大なロマンをもち協同組合を設立し、女性の目線を重視した事業・組織革新が世界的な協同組合運動の発火点になった点を新千年、新世紀を迎えた中で改めて想起する必要を痛感すべきではなかろうか。

4　統一協同組合法とワーカーズ・コレクティブ法を結ぶ

岸本昌哉（農林中金総合研究所監査役）

ワーカーズ・コレクティブ法研究会では、法制化についてのさまざまな見解について論議しています。第三回会合では炭本昌哉氏（農林中金総合研究所監査役）から「統一協同組合法とワーカーズ・コレクティブ法を結ぶ」と題して、踏み込んだ提言がなされました。

(1) 統一協同組合法が求められている

①統一協同組合法とは何か

統一協同組合法（制定後は単に協同組合法と呼ばれよう）の制定は、協同組合の自由化の実現である。協同組合の自由化とは、現在の縦割り法制の下では、協同組合の組合員資格と事業種類は、法で定められているが、それらを個々の組合が自由に定款で決めるものとすることである。そうすれば、協同組合自身の自由な発想を活かして、真に組合員のニーズに応え、社会に貢献する協同組合が生まれ得る。

②日本で必要とされる事情

現在の縦割り法制で、それぞれの協同組合について組合員・事業種類が想定され、法定されているが、その組合員となる社会階層、それにみあう事業種類は、概ね五〇年前に想定されたものであり、実態に合わなくなっている。もちろん、部分的な改正が繰返されてきているが、それらは、現実の進行に比べて「too late, too little」で、まさしく制度疲労を起している。

その結果、例えば、農協の場合は、事業を利用しない組合員、非組合員の事業利用、参政権のない組合員（准組合員）の増加がめだっている。

③マクロ的な不可避性

縦割り協同組合法制は、歴史的には一九三〇年代頃から始るインフレ・規制時代の産物で、一九九〇年代頃に始るデフレ・自由化時代にはふさわしくない。（参照：「日本の変革と協同組合法制の変革」『調査と情報』一七四号農林中金総研基礎研究部）

デフレ・自由化時代への転換にともなう制度改正は、「自由化」すなわち、民間の自由な発想を活かす方向で進められている。これまでに、国鉄や電電公社の民営化、金融自由化などが進んできたが、この自由化の波は、今や、司法、教育、警察など広く社会全般に広がってきており、協同組合にも遠からず及んでこよう（『デフレ・自由化時代』（一九九七年日本経済評論社）参照）。農協についても、ゾーニング（地区割り）の廃止が行われる。

（2）当面の策として考えられるもの

①統一協同組合法を先取りする新法

この統一協同組合法は、現行の縦割り法制に置き換わるものであるが、

i　既往の協同組合の無関心、

ii　現行法制の対象外の協同組合からの差し迫った要請、

等を考えると、現行法制の外側に、「統一協同組合法を先取り」する協同組合法を制定する案はどうか。（「自由協同組合法」または「一般協同組合法（統一協同組合法をこう呼ぶ人もある）」）

既往の法制では対応できぬ分野が急速に広がっているが、それは法で特定できるものではなく、民間の自由な発想に任せて意味があると主張する。既往の協同組合とは原理が異なるが、既往の制度全体が問われていることを認識して押す。縦割りの協同組合のような保護は求めないが、「社会的貢献」を前面に打ち出して税制上の優遇措置等を要求する。

（注）拙著『デフレ・自由化時代の協同組合』（一九九九年農林統計協会）一五七〜一五八頁には、既往の協同組合が、諸優遇措置のある縦割り法に執着する場合における、縦割り法と統一法が併存する状況を想定。

②想定される新法のポイント（基本的には統一協同組合法と同じ）

i　簡潔な定義（人的組織、事業体、出資、社会への貢献、自由な発想、非営利など）を述べ、営利企業・縦割りの協同組合・NPO等の既往の組織との違いを明確にする。

（注）いたずらに個性的な協同組合思想を盛り込むことは禁欲する。これからの協同組合運動

は、思想的に百家争鳴・百花斉放になることが期待される（そうなってこそ発展する）。協同組合法制は、それらの共通の広場にしなければならない。そういう思想的なものは、組合員の間で討議してコンセンサスができれば、個々の組合の定款に書き込む。

ⅱ　具体的な中身（名称、目的＝社会への貢献の内容等、組合員資格、事業種類、活動する地域、剰余金処分、出資一口の金額など）は、定款で決めることを書き込む。

ⅲ　法人としての規定（総会、理事、代表者、監査、決算など）を過不足なく書く。法は、基本的に外向けのもの、外の人達が安心して取引できるという保証である。

（3）ワーカーズ・コレクティブ法制定の要求に関連させて

①ワーカーズ・コレクティブと労働者協同組合の法制定要求の統一は可能

現在の労働者協同組合法（案）とワーカーズ・コレクティブ法（案）から出発すれば、次のような手順になろう。まず、

ⅰ　両者の共通点（『ワーカーズ・コレクテイブ法をつくろう　その1』で指摘されている五点はそれに近い）を取り出して、法の要綱（法文化は最終段階にする）を作る。

ⅱ　違う部分は、それぞれ定款等に盛り込みたい事項としてノートする（法の制定後は、同一法制の中に複数のグループができるが、その場合の各グループの共通項になる）。

ⅲ　二つのグループ以外で協同組合を志向している人達が見つかれば、意見を聞いて共通点を絞り込む。

iv　既往の協同組合の中から、そういう案が実現すれば転換したいという人達が出てくれば、意見を聞いて共通点を絞る。

v　そうすれば、協同組合または協同組合を志向する組織の多くが受け入れ得るもの、すなわち、自由で多様な活動を許容するもの（上記の仮称「自由協同組合法」に限りなく近い）になろう。

②法制定の決め手となるのは個々の組織の活動実績

法制定のためには、

i　今後の社会への貢献は、自立する民間組織の自由な発想によって担われることを強調し、

ii　将来にわたっての協同組合の「さまざまな」可能性を語り、

iii　現行法制の不備を訴え（『ワーカーズ・コレクティブ法を作ろう』の三～四章はよくできている）、そのためには、支援の組織化、多様なルートを活用するPR、ロビー活動などを進める必要がある。

協同組合法制をめぐる状況は、慶応三年前半（明治維新前夜だが、幕政改革論議が続いていた）に似ている。したがって、それは、一年で成果を挙げることができる可能性もあるが、場合によっては、一〇年以上かかるかもしれない。そのことを前提に、ＮＰＯ法の制定の原動力になったのは、阪神・淡路大震災におけるＮＰＯの活動であったことを忘れてはならない。

新法の制定の決め手になるのは、個々の組織の活動実績が社会に貢献するものとして、国民の

多数に認められることにある。この個々の組織の活動と全体の法制定への運動をつなぐものとして、個々の組織における定款の整備が重要になる。そして、個々の組合の、個々の定款のいずれもを包含し得るものとして、法を作る。

「法から定款へ」ではなく、「定款から法へ」とする。そして、法の要綱と定款例（複数の実例）の両者を内外に示せば、法制定後のイメージも湧くと思う。念のため付け加えると、法の制定と個々の組織の社会的認知は、次元が違う。協同組合の設立が真に自由になれば、協同組合を名乗れること自体は、何の権威も持たないことになる。社会にとって重要な存在と認められるか否かは、個々の組織の力量次第である。

法人格を取得できる法の制定は、発展のための通過点にすぎない。だから、「韓信の股くぐり」のように大望の前には身を縮めることも、妥協もできるというものではないか。

③「協同労働の協同組合」という旗印について

i　昨年の一一月二六日の集会に参加したが、実際は、ワーカーズ・コレクティブも、労働者協同組合も、協同出資・協同経営・協同労働であると思う。そう表現すれば、理解し易く、協同組合の原点を、今日において最もクリアに示している組織としての重要性が明確になる。

ii　また、かつては存在した協同労働という部分を欠いてしまっている既往の協同組合との違いを明確にしようというのであれば、新たな労働の形態を創出することの『社会的貢献』を前面に打ち出すのがよいのではないか。そのためには、ＳＯＨＯ、在宅勤務、フリーター、派遣、高齢者の就農等、従来の枠組みでは包摂できない働き方の増加に着目して、それらの正当な評価を求める運動の一環として、自らを位置づける必要がある。

5　協同労働協同組合（仮）法制化の課題と展望

「労働が資本を雇う」（レイドロウ、一九八〇年）事業体に法律的表現を

石見　尚（日本ルネッサンス研究所代表）

最近は、労働者協働組合の側で仕事をしてきていることもあって、ワーカーズ・コレクティブがやってきたこと、やろうとしてきたこと、生活クラブ運動グループ全体として何をどうやろうとしているのか、率直に言って必ずしもうまく表現できていないように思う。「ワーカーズ・コレクティブ法案要綱」の言わんとしていることは、結論から言うと労協法の方にむしろ表現できているように思う。是非検討していただきたい。

（1）法案の変化

協同労働協同組合法、ここまでくるのに四年ほど経過している。今の案は、一つは理論上、二つは実践上の問題から変わってきている。変わってこざるを得なかった。ワーカーズ・コレクテ

ィブの言わんとしていることを取り入れざるを得なかった。それはなぜか。

ⅰ　高齢者協同組合

労働者協同組合はこの二年くらいの間、介護の事業に関わってきた。

ⅱ　協同を拓く集会

二年おきに「いま協同を問う」という集会を実施してきている。その場で地域でいろいろ実践している方から報告を受ける。そういう中から、労働者協同組合の方が、市民運動を取り入れていかなければならない、という風に変わってきた。三回改訂してきている。

(2) 理論的問題

新法制化の課題として満たすべき要件が二つある。

一つは、レイドロウの「労働が資本を雇う」事業体に法律的表現を与えること。法律体系が経済的協同組合から社会法的協同組合に変える必要性が生じている。現協同組合関連法は、経済法でできている。わずかに生協法だけは社会法にちょっぴり足を入れている。社会法は労働法、福祉、教育関係であるとか、労働が資本を支配していくということで、まず人間ありきということ、人間の組織でなければならない。そこに法人格を付与するためには社会法としての法制化へ新しく踏みだすこと。既存の協同組合の枠内では体系づけられない。

もうひとつ。日本の法律は公益法人と営利法人の二つしかない。中間がない。中間がないので生協法とか農協法とかの個別法で対応してきた。労働者協同組合の場合は、ふつうの協同組合と違って内部での事業ではなく外へ販売していく。そうすると利益が出る。利益が出るから協同組合のような非営利法人、中間法人のような性格は与えられないということになっている。それを突破して協同組合地域社会の形成を推進する第四世代型協同組合の組織化に道を開き、「共益」と「公益」を実現する新型法人のカテゴリーを付与する必要がある。

農協法の農事組合法人にしても企業組合にしても、協同組合の中に潜らしてあるけれど扱いとしては有限会社と同じである。中間法人としての性格は与えられていない。営利法人の概念は、配当を目的としなければ非営利法人というのが大きな区分けとなる。一般にはそのことが理解されていないで、少しでも利益が出れば営利法人と見られる。ワーカーズコープ、ワーカーズ・コレクティブは営利法人と見なされる。利益は出るが配当を目的としていない。地域社会に貢献する公的な仕事の分野で活躍している。

日本の不備な法体系でどうしていくか。公益法人には財団法人、社団法人の二つがある。それ以外は皆、営利法人となる。協同組合も営利法人となる。配当をしないということで、わずかに中間法人としての性格を与えられている。しばしば協同組合にももっと税金をかけろとか問題が出てくる。協同組合の範囲にワーカーズコレクティブは入らないと捉えられているのでそこをどうするか、実態に合わせてどう表現するかが問題である。

そのためには民法改正が必要となるだろう。公益法人と営利法人の間に共益法人をおく。民法改正のためには何年かかるか判らない。男女別姓問題でも長期間かかっている。そこで個別法で突破して行くしかない。公と共とに渡る分野を合わせて携わる団体という規定をしなければならない。経済法と社会法とを併せ持つ規定が必要になる。労働者協同組合は複合協同組合となっている。

(3) 法案の骨子

組合員要件

組合員の労働者性と複合性、ここが法案のポイント中のポイントだ。

①組合員は「……併せて、地域に必要な事業を起こせるよう、事業目的に賛同する市民や地方公共団体を含む出資者も組合員になれる」

この規定を入れるのに一年間かかった。法案では第二章第九条：組合員たる資格のところでふれられている。

②「……役務の提供の機会を享受することにより事業に協力する者を」。ワーカーズ・コレクティブのサービスを受ける側、利用者組合員のことで、農協法でいえば準組合員制の問題だ。その準組合員制度を廃止した。利用組合員も権限をすべて同じとしたわけである。

③労働者協同組合の協同事業に出資者として協力する者。

これは主として、例えば市町村とか、法人も組合員になれると規定している。福祉、環境、教育とか地域の市民事業をなす場合、地域の地方公共団体もしくはその関連団体のことをさす。但し、この組合員には投票権を認めていない。

協同組合論議の中で最近論議されている「ステークホルダー」というものを取り入れた。地域事業は地域の公共性に関わることになる。それは当然、地方公共団体が後援者となるということになる。その受け皿を作っておくということだ。ワーカーズは営利法人か、非営利法人かの従来の論議をクリアーするものである。

これはイタリアの社会協同組合の影響を受けている。それらは市町村も会員になれるようになっている。イタリアでは社会性のある仕事を行っている。地方自治体や公益法人が出資している。ここのところが今までと違う。営利法人か、非営利法人の論議を回避するものとしてこれがある。公共性が高い事業ほど、第三号会員の可能性が高まる。イタリアの社会協同組合の影響を受けて取り込んだ。社会協同組合はラテン系に多い。公共的事業を担う。ワーカーズ・コレクティブ事業は単なる経済的事業ではなく、社会的な表現を入れなければいけないということで以上の内容を取り入れた。

(4) 公益性市民と地方公共団体との福祉を軸とする協同組合の社会的責任

監査が大切であって、内部監査に加えて社会監査を取り入れていく。地域社会にどうしたのかを内部で評価するだけでなく、地域に公開して評価してもらう。昨年のICA大会カナダ・バンクーバーでは、社会監査をすでに実施している。ステークホールダーと社会監査が論議の焦点となっている。

モラルを業務の中に入れてくる。既存の協同組合法とは異なった論議をしている。以上のことなどは、ワーカーズ・コレクティブの現実と論議にはあっただろうが、法律文面としてはなかったと思う。今までワーカーズ・コレクティブの方が労協法に感じていた違和感はもうないのではないか。認可の点も、認証という形にしている。行政庁の監督を縮小するということで認証としている。

ワーカーズ・コレクティブ法では税金の問題は別問題としようとなってきている。積立金は必要経費として認めていく。労協法の一次案は、最新の骨子は反映されておらず、現在、大幅に再検討中である。

パンフレット『「協同労働の協同組合」法制化を求めて』の「協同労働のめざすもの」、「骨子の解説」の部分などではワーカーズ・コレクティブのものを取り入れている。労協法も変わったと思われる。

協同労働協同組合法案（仮）は、時代の要請に応える第四世代型協同組合としての斬新な内容を作っていきたいし、それは「協同組合基本法」の作成への第一段階となろう。生活クラブ運動グループにとってもワーカーズ・コレクティブの果たす役割は積極的な構造転換を作り出すと思う。W・N・J.の市民会議への参加は草の根の組織を持たないインフォーマルな労働をする都市・農村のすべての働き手が市民セクター確立へ参画することに勇気を与えることになると思う。労協連以外に参加が広がっている。共同作業者の連合会とか、森林組合など広がりを見せている。市民会議から国民会議へ発展させていきたいと考えている。

〈ワーカーズ・コレクティブ法研究会参加者一覧〉 順不同・敬称略

会長　天野正子（お茶の水女子大学教授）

副会長　石毛鍈子（衆院議員〈民主党〉）／里深文彦（武蔵野女子大教授）

事務局長　大沢靖子（東京ワーカーズ・コレクティブ協同組合）

樋口兼次（白鴎大学教授）／白石正彦（東京農大教授）／炭本昌哉（農林中金総合研究所）

山口郁子（東京労金総合企画部副調査役）／河野道夫（社会民主党社会民主主義政策センター）

佐瀬順二郎（今井澄議員秘書〈参院〉）／又木京子（神奈川ネットワーク運動）

大西由紀子（東京・生活者ネットワーク）／中台ヒデ子（市民ネットワーク・千葉県）

吉田登代・大高文子（埼玉・市民ネットワーク）

河野栄次（生活クラブ連合会会長）／横田克巳（市民がつくる政策調査会代表委員）

井瀧佐智子・堀美紀子・斉藤富美江（埼玉ワーカーズ・コレクティブ連合会）

酒井由美子・鮫島由喜子（神奈川ワーカーズ・コレクティブ連合会）／藤木千草・野口恭子（東京ワーカーズ・コレクティブ協同組合）／西村憲子・宮野洋子・若月真弓（ワーカーズ・コレクティブ千葉県連合会）／小塚尚男・柏井宏之（市民セクター政策機構）

事務局　倉形正則（市民セクター政策機構）

第6章

民法における公益法人規定の問題点

腕は確か。豊かな食生活はお母さんの手作りの味から〔あい惣菜・千葉〕

1　一〇〇年前の概念に基づく公益と営利

ワーカーズ・コレクティブの法制化を考える時に、避けて通れないのが民法の三三〜三五条で規定されている法人の成立と種類です。

まず、三三条「法人ハ本法其他ノ法律ノ規定ニ依ルニ非サレハ成立スルコトヲ得ス」は、法人は民法か其の他の法律によって規定しないと成立できないという原則を定めています。民法で規定しているのは三四条「公益法人の設立」と三五条「営利法人」であり、三三条には本文のあとにその他の法律としていくつもの特別法が併記されています。つまり、公益法人または営利法人では規定しきれない団体が登場し、そのための法律が次々とつくられ法人化されてきたということです。

なにしろ民法が施行されたのは今から一〇二年前の一八九九年（明治三二年）です。自分の利益ではなく広く社会の利益になることを目的に事業をおこなうのはお上（行政）であり、民間は私益を得るための営利事業をおこなうという二分割の概念で整理し得る時代だったのでしょう。

しかし、民間の非営利事業体の一つである協同組合のさきがけとして、江戸時代には大原幽学の「先祖株」や二宮尊徳の「報徳社」があり、民法施行の二年後（明治三三年）には産業組合法が公布されています。その後、時代とともに二分割では定義しきれない多様な法人が誕生していきます。ワーカーズ・コレクティブ法も、地域貢献を第一目的に事業をおこなう非営利の事業体であり、民法の中では「其の他の法律」として特別法で規定するという位置付けになります。

注：第三三条〔法人の成立に関する原則〕法人は本法其の他の法律の規定によるに非されば成立することを得ず

（本法其の他の法律の規定）

財産相続法人・管理組合法人・商事会社・民事会社・有限会社・弁護士会・非営利活動法人・宗教法人・学校法人・医療法人・社会福祉法人・地方公共団体・土地区画整理組合・土地改良区・労働組合・職員団体・国家公務員共済組合・地方公務員共済組合・健康保険組合・国民健康保険組合・厚生年金基金・中小企業等協同組合・消費生活協同組合・農業協同組合・水産業協同組合・信用金庫・輸出組合・輸入組合・協業組合・商工組合・農業共済団体・日本銀行・証券取引所・金融先物取引所・商品取引所・商工会議所・港務局・都道府県農業会議・全国農業会議所・弁理士会・税理士会・地縁による団体

2　あいまいな公益の定義

営利という言葉はわかりやすいのですが、それに対峙する「公益」とはいったいどういうことなのでしょうか。民法三四条では公益法人が次のように規定されています。

三四条〔公益法人の設立〕祭祀、宗教、慈善、学術、技芸其の他公益に関する社団または財団にして営利を目的とせさるものは主務官庁の許可を得て之を法人と為すことを得。

つまり、①公益に関する事業を行うこと②営利を目的としないこと③主務官庁の許可を得る、という三つの条件が整えば公益法人を設立できるわけで、現在では全国に約二万六〇〇〇団体以上の公益法人が財団法人・社団法人として設立されています。

しかし、「公益に関する事業を行うこと」とは、どういうことでしょうか。総理府によると「社会全般の利益・不特定多数のための利益になることを目的として事業を行う」ということですが、非常にあいまいです。社会全般とはどの範囲か、不特定多数とは何人くらいなのか、利益とはどういうことを言うのか……。

例えば、添加物のない安心して食べられる弁当を多くの人に食べてもらうことは、「不特定多数のための利益」になっているとは言えないのでしょうか。

民法以外の特別法で規定される法人には、学校法人、社会福祉法人、医療法人といった公益性のわかりやすい法人や、農業協同組合、事業協同組合、消費生活協同組合などの協同組合や労働組合などといった公益と私益の中間的な共益的な性格の法人（中間法人）があります。

二〇〇一年六月に公布し、来年四月に施行予定の中間法人法はこれ以上中間的な団体が公益法人になるのを防ぐために作られました。同窓会や親睦団体、ＰＴＡなど、より公益性の薄い非営利団体が対象です。二人以上いれば、登記だけで設立できることになっていますが、税制上の優遇措置はありません。ある程度限られた人たちに対する非営利活動をおこなう団体を規定するものであり、不特定多数に良質な「モノ」と「サービス」を提供して地域貢献しているワーカーズ・コレクティブに合う法律ではありません。

公益法人の中には「公益性」を疑問視される法人も少なくありません。また、民法には事業内容として「祭祀、宗教、慈善、学術、技芸」の五項目が例示してありますが、限定されているわけではありません。しかし、それ以外の分野で許可するかどうかの判断は主務官庁に任されているわけです。何を根拠に判断しているのかも明らかではありません。既存の公益法人について実態を明らかにし、存続や優遇措置について見直す必要性はいうまでもありません。

ワーカーズ・コレクティブはより公益性が高い非営利団体であり、当然、公益法人並みの税制上の優遇措置があり、行政業務を協働して担うパートナーとして優先すべき事業体です。

3　市民が判断する「公益」へ

民法において「公益」がはっきりと定義されていないために、法人設立の許認可をおこなう主務官庁の判断次第で「社会全般に利益をもたらさない」公益法人が設立されている事実は否めません。この制度を改善するために、市民による「公益性」の判断制度をという意見があります。

モデルとなるのはイギリスのチャリティ委員会です。イギリスの公益に関する法律で、最も古いものは一六〇一年の「公益ユース法」で、公益的なものとして九つの具体例があげられています。高齢者、無能力者および貧困者の救済／傷病兵、学校、大学生への援助／橋梁、港湾、避難港、道路、教会、堤防、主要交通路の補修／孤児の教育および就職／矯正施設の維持援助／貧民女子の結婚の機会促進／年少の労働者等の援助／囚人、捕虜の救済、釈放／生活困窮者の租税支払いの援助および出生費の援助……とても具体的なのに驚かされますが、四〇〇年後の今も公益性を判断する基準として使われています。その後、一八五三年に公益信託法が制定され、公益信託を監督指導するために、チャリティ委員会を設けることが定められました。

現在、一番重要なのは一九六〇年にできたチャリティ法です（九二年、九三年に改正）。公益信託以外の法人もチャリティとして認めること、行政上の監督をチャリティ委員会がおこなうこと、登録が認められれば自動的に税制上の優遇措置が受けられることなどが制定されています。

チャリティ委員会は内務大臣から任命される三人から五人の委員（公務員）で構成され、少なくとも二名以上は弁護士でなければなりません。チャリティ委員は登録申請のあったチャリティ団体を審査します。委員会は他の行政機関から独立したもので、チャリティに関する情報の受発信の拠点でもあり、アドバイスもおこなっています。登録団体は約一九万にものぼり、毎年九〇〇〇団体が登録しています。チャリティの本来事業に対する法人税は課せられず、寄付に対する免税措置もあります。

4　民法を改正し、二一世紀らしいわかりやすい法体系に

営利事業に対峙するのは公益事業という時代は終わり、二一世紀は「非営利」について整理してわかりやすい法律をつくり、きちんと非営利の市民事業を位置付ける時代です。ワーカーズ・コレクティブだけではなく、特定非営利活動促進法施行以来、次々とNPO法人が誕生し、まち

づくりの中で活躍しています。

市民（民間）が公益事業・非営利事業を展開している現実を踏まえ、民法も改正する時代に入ったといえます。行政から独立した組織が、利権にとらわれずに事業体の活動内容を評価し、NPO法人やワーカーズ・コレクティブの公益性を審査する。そしてその優遇措置を判断するという仕組みは、ワーカーズ・コレクティブの新しい法制度とともに必要なことです。

第7章

NPO法（特定非営利活動促進法）の問題点

手作りのお弁当を会員に届ける食事サービス〔木いちご・福岡〕

ＮＰＯ法（特定非営利活動促進法）の成立の背景に、阪神淡路大震災の折りに、国や自治体等行政の担えない救援活動を誰かに命令されるのでもなく、いちはやく行なったボランティアの活動があったことは多くの人たちの知るところであります。

しかし、それ以前にも多種多様なボランティア活動や市民活動は行なわれており、神奈川では、特にワーカーズ・コレクティブによるたすけあいグループが一九八五から九五年にかけ、多数に誕生し活発に活動を展開していました。その活動範囲は自治体の担うべき福祉サービス範囲にまで及んでいましたが、行政からの活動に対する正式な評価は全くありませんでした。阪神淡路大震災の時の市民の自主的なボランティア活動を評価する社会情勢を受けて、ＮＰＯ法は議員立法により成立しました。

1　なぜワーカーズ・コレクティブはＮＰＯ法人格を取得するのか

都道府県の認証によって「法人格」が取得できるというＮＰＯ法は、いままで取得できる法人格のなかった多くの市民活動団体にとっては、大変評価できるものでありましたが、協同組合の一つであるワーカーズ・コレクティブにとっては、その価値と原則に照らしてもいくつかの矛盾点があり、全てにふさわしい「法人格」であるとはいえません。

しかし、ワーカーズ・コレクティブの非営利市民事業を社会的に際立たせ、公的セクターと企業セクターの牽制力としての市民セクターを広げていくためには、「法人格」を取得することは大変重要なことです。「ワーカーズ・コレクティブ法」の成立していない現在、NPO法人格の取得を多くのワーカーズ・コレクティブが検討を進め、認証を受けていることは必要なことといえます。

現在、ワーカーズ・コレクティブでは、事業委託契約や労働保障等の必要性から、いくつかのワーカーズ・コレクティブが「企業組合」を取得しています。また、一九九七年に「介護保険法」が制定、二〇〇〇年四月からのサービススタートに対応することをも目的の一つとして、多くの「たすけあいワーカーズ・コレクティブ」がNPO法人格を取得しています。

2　ワーカーズ・コレクティブにとってのNPO法の問題

(1) 税制上の問題—公益事業と収益事業との区分（法人税法とNPO法上の違い）

現状のNPO法は、決して市民活動を促進するほどのものではありません。なぜなら、特に欧米のNPO法と違い「公益事業」に対する評価があいまいであり、NPO法上では公益事業でありながら、NPO法人の行なう、ほとんど全ての事業が法人税制上の収益事業にあたることになっています。

NPO・ワーカーズ・コレクティブの行っている介護保険事業も収益事業として課税対象となっています。同じサービスを、社会福祉法人が行なう場合は非課税という矛盾も発生しています。会計処理においても区分しなければなりません。収支計算書と損益計算書の作成 貸借対照表の区分、さらには財産の区分と一つの事業体として行なっている事業を明確な説明もないままに区分しなければなりません。

(2) NPO法には「出資」の概念がない

ワーカーズ・コレクティブは市民が自らの事業を起こすために必要な「資金」は、自らが出し合い調達するが、NPO法ではこの「出資」という概念がありません。法人の主体をつくり、事業を継続するためには「出資」は欠かせませんが、この出資金を認めていなくて市民活動をどうやって促進するというのでしょうか。残念ながら、日本社会の中にはNPOに寄付をするという文化も育っていません。

市民活動を継続・発展させるために事業を行なう「市民事業」こそ、本当の市民活動と考えるのですが、そうとは捉えられてはいません。事業の拡大や設備投資が必要な時、借入れをするしかなく、非常に困難です。

(3)「働き方」は雇用労働とボランティアしかない?

ワーカーズ・コレクティブは「新しい働き方」の提案運動でもあります。自主管理・自主決定を尊重した雇用関係ではない主体的な働き方をもって、社会的、人間的、経済的自立をめざしているのが、ワーカーズ・コレクティブの「働き方」です。しかし、NPO法の中では雇用とボランティアの二つの「働き方」しか位置づけられていません。ワーカーズ・コレクティブはNPO

法人格を取得するために、根本的なルール（定款）を変えざるを得ないのです。

（４）加入・脱退の制限をしてはいけない

公益に寄与することを目的として「非営利・市民事業」を行なっているワーカーズ・コレクティブは、その事業の継続に社会的責任があります。事業を安定的に継続するためには、組合員（会員）の加入・脱退は重要な問題であり、当然、事業にあわせた制限が必要です。しかし、ＮＰＯ法では常に加入・脱退の自由を保障することをルールに定めなくてはなりません。

（５）「準備金」や「積立金」などの留保ができない

社会的貢献を目的として事業でも、その安定的な事業運営は問われます。不測の事態や運営上の困難な状況が発生することは充分に予測されます。そのための準備は事業者の責任として当然のことであります。協同組合法でも認められている内部留保が、ＮＰＯ法では認められていません。

（６）ＮＰＯ法人設立（申請・届出）は許認可制？

ＮＰＯ法人設立は、その法に定める要件を整えれば所轄庁が「認証」を与えることとなっていますので、申請書類等を整え、担当窓口に提出すれば良いはずですが、実際には事前相談として細部に渡り指導を受けなければ受け付けてもらえません。株式会社のように営利を目的とした法人は「届出制」で自由に設立できますが、非営利活動法人はなぜ細かく規制されるのでしょうか。

(7) NPO法人はみなし寄付が認められない

学校法人等の非営利事業に認められているみなし寄付控除が、NPO法人には認められていないので、非営利活動を推進するために、収益に係る事業の収支差額からの損金算入ができません。

3 NPO法の改善を提案

(1) 人格取得の手続きの簡素化

「税金セクター」や「営利資本セクター」から自立した「市民セクター」を広げることが市民社会の構築のために欠かせません。株式会社などの設立と同じように簡単な登録制とし、申請書類もできるだけ簡素化して、より多くの団体がNPO法人格取得をしやすくすることで、「市民資本セクター」を拡充することにつながります。また、申請受付をする部署を県一個所でなく複数にすることが望ましい。

(2) NPO法人に対する税制上の課題

特定非営利活動法人が事業を拡大したり、事業を起こしたりする時の活動を支援し、その基盤を確立するために税制優遇制度を設けることが必要です。支援策として政府はこの一〇月より、

「認定特定非営利活動法人」に対して税制優遇制度の実施をすることとしています。

しかし、この「認定」の条件の大きな特徴は、その活動の資金の三分の一以上が補助金や寄付金で成り立つNPO法人としています。ワーカーズ・コレクティブのように自己資金で事業を行なっている法人は該当しません。これでは決して、特定非営利活動支援とはなり得ません。

認定NPO法人に対する税制優遇制度は申請が始まっていますが、認定の条件に該当するNPOは、三〇〇〇以上あるという日本NPO法人の内、五、六団体ではないかと推測されています。なぜなら、活動実態要件にNPO法人の総収入の三分の一以上が寄付金および助成金であることという条件がついているからです。ワーカーズ・コレクティブのように、活動促進のために事業を行なっているNPO法人は、すべてこの条件から外れることとなります。このような税制度ではNPO活動支援にはなり得ません。国への提案をしていくことが必要です。

i　収益事業の考え方を整理する

NPO法上と法人税法上の収益事業の考え方の整理が必要ですが、基本的に、NPO法人がその定款に定めている目的にそって行なう「特定非営利活動の種類および当該特定非営利活動に係る事業の種類」は法人税法上の収益事業に当たらないものとする。

ii　NPO法人の行なう「介護サービス」は非課税とする。社会福祉法人は非課税となっており、同じ公益サービスをおこなっているのに不公平である。

iii　寄付金の損金算入の特例をNPO法人にも適用する。

iv　個人がNPO法人に寄付した場合、寄付金控除制度を設ける。

v　地方税のＮＰＯ法人に対する優遇制度条例を制定する。

ア　県・市民税の均等割りを非課税とする。現状では、法人税法上の収益事業を行なっていなければ全額減免としている自治体がほとんどであるが、ワーカーズ・コレクティブＮＰＯ法人の多くは課税されています。例えば、事業所得がマイナスであっても減免はされません。

イ　資産に係る課税の優遇制度がない。

事業を行なう上で必要不可欠といえる事務所や施設に対する固定資産税、不動産取得税、配達や移動に欠かすことのできない自動車の自動車税、軽自動車税、自動車取得税などに対する減免制度がなく、その使用目的が公益事業に限っていても、一般車と同様に課税され、減免制度がありません。また、特定非営利活動のために相続をした時も減免制度はありません。

ウ　個人やＮＰＯ法人がＮＰＯ法人に寄付した場合の寄付金控除がない。

寄付金控除は、住民税では都道府県、市町村または特別区に対する寄付に適用されています。また、共同募金まもなくたは日本赤十字社の支部に対する一定の寄付金支出にも寄付金控除が適用されますが、ＮＰＯ法人に対しては一切認められていません。

第8章

ポスト雇用時代の働き方

手作り品、自然食品、リサイクル品を扱うリサイクルショップ〔喜樹・東京〕

ワーカーズ・コレクティブ法研究会を終えて

天野正子（ワーカーズ・コレクティブ法研究会会長）

昨年秋にスタートしたワーカーズ・コレクティブ法研究会は五回をもって終わりました。五回の研究会で、その道の専門家の教えを受け、議論していく過程では、どちらかといえば悲観的な要素の方が強く出ました。既存の組織法で解決できる方向を探る方が賢明ではないのか、法律でカバーできなければ個別政策で解決できるのではないか、あるいはワーカーズ・コレクティブのもっと合理的な運営方法はないのか、ワーカーズ・コレクティブ独自法を追求するにはエネルギーと時間の相当の投資を必要とされ、そのわりには成果が期待できないのでは？　などなど。

会を始める前には予想しえなかった多様な選択肢が提示され、ワーカーズ・コレクティブ法制定化を思想的にも実践的にも鍛えあげるうえで、有意義な研究会でした。また、私が抱いていた一種の楽天主義が修正されるよい機会にもなったと思います。では、「勇気ある」撤退か？　となると、そうはいかないのが不思議なところ……。

むしろ、この研究会から得た意味をワーカーズ・コレクティブ法制定化の方向で汲みあげながら、実現の可能性を探っていく。その必要性をあらためて痛感するはめになったのですから。今さら、という感じですが、ワーカーズ・コレクティブ法制定化の動きは、ワーカーズ・コレクティブの各現場から法人格を求める声や問題提起が起こったこと、それも、雇用―被雇用という社会的枠組みからはみ出した人びとから起こった点に大きな意味があると思う。市民立法の可能性を問うことの意義です。

また、ワーカーズ・コレクティブ法制定は、ワーカーズ・コレクティブのためというより、社会的な枠組みの見直しと改革にも連動していくものです。そのためにも、これから議論を深めていくべき三つの視点を提案したいと思います。

1 「男女共同参画」を実質化していく契機

一つは、ワーカーズ・コレクティブ法の制定は二一世紀の社会構想としての「男女共同参画」を実質化していく契機になると思う。そのためにはジェンダー（社会的・文化的につくられた性別による差別）の視点から、問題点や矛盾をもっと議論し整理し、問題提起していくことが大切のように思う。いま、進行中の労働者協同組合法（仮称）には、ジェンダーの視点が完全に欠落しているから。女性が経済的に自立していく道すじは雇用されて働くペイドワークだけではない。そうではなく、アンペイドワークから協同労働へというルートもあることを、ワーカーズ・コレクティブは一九年の実績でともかく示してきたと思う。

しかし、現実には女性が経済的に自立できる事業体にすることは至難の技です。その問題の根が女性の側ではなく制度の側（ジェンダー秩序の制度化）にあることがはっきりしてきたのも、この一九年の実践のなかからです。それは運用方法を工夫する程度で解決できるものではないのですね。「食べていける事業体」にし、女性が夫の扶養の枠から脱出するためには、まず、「男女が担うアンペイドワーク」という視点は欠かせない。そこが確立する方向に動けば、「男女で担うペイドワーク」のあり方も変わってくる。ワーカーズ・コレクティブ法制定化の動きは、「協同労働」と「制度」をキーワードにジェンダーにより分割された労働の問題に切り込んでいく可能性をもっていると思うのです。

2 「環境と福祉」という視点

二つ目は、ワーカーズ・コレクティブ法制定が、二一世紀の「環境と福祉」という視点にたった働き方の可能性と課題を提起するものであること。ワーカーズ・コレクティブがコミュニティをベースにした市民事業として、「環境と福祉」という視点からどこまで新しい労働の質を生み出してきたのか、あるいは生み出しうるのか。一九年間の実績をふまえて、その点の議論をもっと深めていきたいと思います。

たとえば身近かな例を一つとればコンビニはその廃棄物を市民の税金で処理しています。だから、あんなに安く売れる。対照的に生活環境主義の立場にたつワーカーズ・コレクティブは、それをメンバーのアンペイドワークで担っている。なぜ、コンビニの廃棄物は社会的にコスト化され、市民事業は女性たちのアンペイドワークなのか。女性たちのアンペイドワークに何らかの還元（たとえば税制面での）があるべきだし、一方で環境保全を重視するワーカーズ・コレクティブのような働き方が社会的に波及していく必要がある。ワーカーズ・コレクティブ法制定化は、そうした二一世紀の働き方について問題提起をしていく契機になると思います。

3　労働法制の構造改革の契機

三つ目ですが、ワーカーズ・コレクティブ法制定は単にワーカーズ・コレクティブのためというより、労働のメインストリートから排除された人びと、女性、若者、高齢者、障害者にとっても意義のあるものであること。そこから、既存の労働法制の構造改革の契機になりうるということです。

私が日常的に接している若者の間に、収入の安定とか組織帰属の安定性ではない、別の何かを求める動きが確実にあるように思う。彼らの感覚としては、雇用と自営の境界がすでにあいまいになっています。彼／女らはボランティア活動を「自営」と称している。若者世代の労働をめぐる地殻変動的ともいえる価値観の変容については、すでに何回かふれました。ワーカーズ・コレクティブ法制定の動きを通して、雇用―被雇用でしか就労形態をとらえていない現状の法制度に切り込んでいく、その契機になるのではないかという期待がある。

4　二一世紀、もっとスキマのある社会へ

さいごに、私の希望的観測を。ワーカーズ法をきっかけにして、二一世紀の日本社会をもっとスキマのある社会へ、いいかえれば労働と活動と教育（学習）のリカレント（循環）型社会へ転換していくための方策をさぐっていきたいということ。日本の社会はこれまで、いってみればスキマがない、連続型の社会ですよね。そうではなく、労働と活動、労働と学習、活動と学習の間をいったりきたり往復活動ができる社会。個人のライフステージには、あるときは金銭収入よりも活動や仕事の意味を重視して非営利の市民事業をたちあげて働く、ある時は市民事業の経験を生かす形で雇用労働に従事する、あるいはその時々の年齢や体力、価値観にあわせて働き方を選び直す。私は男でも女でも、誰もが人生のあるとき、ワーカーズ・コレクティブで働く経験をもつことがとっても大切のように思える。そうしたスキマのある社会であってほしい。

そのための不可欠な条件こそ、非営利の働き方や協同労働が、それぞれ「一つ」の働き方として対等に社会的な認知を受け、制度的に保証されていくことなのです。手放しの悲観主義でも楽天主義でもなく、ひとすじの希望をもって、ワーカーズ法制定化にむけて議論と実践を深めていきたいですね。

第9章

二一世紀にふさわしい新しい法律をつくる

1年に1度ワーカーズのメンバーが一同に会してワーカーズまつり〔埼玉〕

1　ワーカーズ・コレクティブの法制化運動

女性を中心としてきたワーカーズ・コレクティブの全国への広がりは、二一世紀を迎えて「働く」ことのもう一つの選択肢として注目されてきています。とくに「失業の時代」であり、「少子高齢社会」においてはこの分け合う、代わり合う、助け合う働き方が求められています。

二〇世紀の競争、高度経済成長時代から、二一世紀は協同の低経済成長の時代となり、公平に負荷を負担する社会となります。男女がペイドワークとアンペイドワークをバランスよく分担する社会が望まれ、それにはライフスタイルに合わせた働き方が選択できることが必要です。

またそのためには子育てや介護等のアンペイドワークを社会で支えるシステムづくりや税金／年金問題の制度改革も急務となります。主体的な生き方、働き方を選択している私たちは見えてきた課題の解決に向けて努力し、実践することでワーカーズ・コレクティブが二一世紀を担う新しいワークのモデルとなり男性や若い世代にも当たり前のように「もう一つの働き方」として期待され、拓かれていくものと確信しています。

ワーカーズ・コレクティブを最初に設立した一九八二年に、法人格を取得しようと試み、取るべき法人格がないことに気づいた時点から法制度の整備は課題であり、法制化へ向けての活動が始まりました。

一九八九年には首都圏でワーカーズ・コレクティブの連絡会／連合会で「全国市民事業連絡会」

を持ち、一九九一年には「ワーカーズ・コレクティブのモデル定款」を作成、また「ワーカーズ・コレクティブの振興策の整備についての要請」を自治体に提出しました。全国規模のワーカーズ・コレクティブで、この間の実践の積み重ねと経験を共有した成果として、一九九五年七月に「第二回ワーカーズ・コレクティブ全国会議」を開催し、I．C．A．（世界協同組合同盟）が協同組合の価値と原則を見直したのを機会に「ワーカーズ・コレクティブの価値と原則」（一一五頁）を定めました。同時に「ワーカーズ・コレクティブの法制化へ向けての声明」を行いました。またワーカーズ・コレクティブの全国組織である「ワーカーズ・コレクティブ　ネットワーク　ジャパン（W．N．J．）」に組織を変更し、さらにワーカーズ・コレクティブの法制化を推進する活動を行ってきました。

「ワーカーズ・コレクティブの価値と原則」は自分達の活動に照らしてさまざまな議論を起しました。神奈川では一九九八年にリーダー規範、アンペイドワークの社会的価値等の新たな価値を含めた神奈川・改定版I（一一六頁）を定めました。

一九九七年九月、第三回ワーカーズ・コレクティブ全国会議で「ワーカーズ・コレクティブ法案要綱」（第一次案）を発表しました。さらに議論を深め一九九九年一一月、第四回ワーカーズ・コレクティブ全国会議では、「雇用されない働き方」と「働く人たちの協同組合」であることの議論を深め、「ワーカーズ・コレクティブ法案要綱」（第二次案）を提案しました。そしてこの度第三次案をまとめました。

二〇〇一年一一月一〇日に開催される第五回ワーカーズ・コレクティブ全国会議で討議する予

定です。この「ワーカーズ・コレクティブ法案要綱」（第三次案）最終案をもって法制定の働きかけに入りたいと思っています。法案要綱最大の特徴は、「ワーカーズ・コレクティブの価値と原則」に基づいて作成されていることです。また要綱案作成の際に、既存の法律に合わせるのではなく実際に活動しているワーカーズ・コレクティブにどのような法律上の能力を与える必要があるかという観点で作成されています。

「雇用されない主体的な働き方」と「働く人たちの協同組合」であると明確に規定し、参加型社会で地域の生活を豊かにすることを目的とすることを明記したことが最大の特徴です。

2　法案要綱の骨子

（1）ワーカーズ・コレクティブ法の目的を参加型社会で地域の生活を豊かにすることを目的とした。

「この法律は相互扶助の精神に基づき、働く人たちが出資をして協同で所有し、協同して運営し、協同して働き、営利を目的としない事業を行う組織ワーカーズ・コレクティブが法律上の能力を得ることによって、その自主的な社会的、経済的活動を促進し、参加型社会で地域の生活を豊かにすることを目的とする。」

（2）ワーカーズ・コレクティブの労働を定義した。

「ワーカーズ・コレクティブの労働は雇用された労働ではなく、対等な立場で自主的に自己決定し、責任を持つ協同する労働である。」

（3）ワーカーズ・コレクティブの定義で「働く人たちの協同組合」と定義した。また雇用されない主体的な働き方の責任の表明を行った。

「ワーカーズ・コレクティブは自立、自由、自己責任、民主主義、平等、公正という理念（価値）に基礎を置き、事業において、正直、公開、社会的責任を大切にする自発的に結びついた人々の自発的な団体であり、営利を目的とせず、地域貢献を第一目的に事業を行う働く人たちの協同組合である。」

（4）ワーカーズ・コレクティブの基準……価値と原則に基づき定めた。

ワーカーズ・コレクティブは以下のことを要件とする。①労働の場を協同で作りだすものである。②誰でも意思によって出資をして加入し、また脱退する事ができる。③一人一票の民主的運営を行い、組織の情報を共有し、一人ひとりが経営責任を負う。④出資に対する配当は、行わないものとする。

（5）ワーカーズ・コレクティブの連合組織にも適用されることを明確にした。

(6) 情報の届け出、及び情報の公開は第1次案と同様に規定している。

以上ワーカーズ・コレクティブの活動の実態に照らし合わせ、法案要綱案を提案していますが、まだ議論の余地は多々あります。それをさらに法律にしていく過程では法律用語、及び現行の法制度の壁等、様々な障害が予想されます。ワーカーズ・コレクティブの活動の実態の確立と普及をはかりながら、目指す社会の理想を失わず法制化の運動を進めていきたいと思っています。

資料

資料【1】
ワーカーズ・コレクティブ法案要綱（第三次案）

1　目的・基準

（ワーカーズ・コレクティブ法の目的）

1　この法律は相互扶助の精神に基づき、働く人たちが出資をして協同で所有し、協同して運営し、協同して働き、営利を目的としない事業を行う組織ワーカーズ・コレクティブが法律上の能力を得ることによって、その自主的な社会的、経済的活動を促進し、参加型社会で地域の生活を豊かにすることを目的とする。

（ワーカーズ・コレクティブの労働）

2　ワーカーズ・コレクティブの労働は雇用された労働ではなく、対等な立場で自主的に自己決定し、責任を持つ協同する労働である。

（ワーカーズ・コレクティブの定義）

3　ワーカーズ・コレクティブは自立、自由、自己責任、民主主義、平等、公正という理念（価値）に基礎を置き、事業において、正直、公開、社会的責任を大切にする自発的に結びついた人々の団体であり、営利を目的とせず、地域貢献を第一目的に事業を行う働く人たちの協同組合である。

（ワーカーズ・コレクティブの基準）

4　ワーカーズ・コレクティブは以下のことを要件とする。

①労働の場を協同で作りだすものである。

②誰でも意思によって出資をして加入し、また脱退する事が出来る。

③一人一票の民主的運営を行い、組織の情報を共有し、一人ひとりが経営責任を負う。

④出資に対する配当は、行わないものとする。

⑤非組合員従事者は従事者総数の5分の1を

越えない。
⑥解散時には清算後の組合財産は他の協同組合、またはワーカーズ・コレクティブに譲るものとする。
⑦協同組合運動を強化するために、協同組合間協同を進める。
⑧政府その他の公的組織から独立した協同組合であるから、目的および地域社会への責任を果たす上で必要な事業については、公的組織と対等な契約に基づき、連携を行う。

2　事業

（非営利の原則）
5　ワーカーズ・コレクティブは就労機会の創出と地域住民の生活に役立つことを目的とし、営利を目的としない。
（事業の種類）
6　ワーカーズ・コレクティブはつぎの事業を行う。
①環境に配慮し、地域社会に貢献する製造・販売及びサービスの提供を行う。
②協同組合相互の協同を促進する事業を行う。
③組合員及び、組合員希望者の自立を目指してワーカーズ・コレクティブに関する学習と、社会・経済・環境・福祉等についての知識の向上を図る事業を行う。
④組合員の共済に関する事業
⑤前各号に付帯する事業
（名称）
7　ワーカーズ・コレクティブは法人とする。ワーカーズ・コレクティブ、またはワーカーズ・コレクティブの連合組織はその名称の中に「ワーカーズ・コレクティブ」の文字を用いる。
（名称の使用制限）
8　ワーカーズ・コレクティブ以外のものは、その名称の中に「ワーカーズ・コレクティブ」又はこれに紛らわしい文字を用いてはならない。

3　組合員

＊従事組合員の他に利用組合員と出資組合員を規定するかどうか要検討。

（出資）

9　組合員は出資一口以上を有しなければならない。

①出資一口の金額は均一でなければならない。

②1組合員の有することの出来る出資口数の限度は出資総口数の4分の1を超えない範囲（連合組織の組合員にあっては2分の1を超えない範囲）において、定款でこれを定めなければならない。

③組合員の責任はその出資金額を限度とする。

（資格）

10　ワーカーズ・コレクティブの組合員は協同して労働する。

11　ワーカーズ・コレクティブの事業に従事し、責任を果たす意思のある者が組合員となることができる。

（加入）

12　組合員の加入は総会で承認される。

（加入制限）

13　ワーカーズ・コレクティブは経営に事由がある場合、又その他の重大な事由がある場合は加入を制限することができる。

（権利と責任）

14　組合員は次の権利と責任を有する。

①一人1票の議決権と役員選挙権

②役員に立候補する権利

③要綱・定款の定めに従い組合の秩序を維持する責任を負う。

④組合員に対して経費を賦課することができる。

（自由脱退）

15　組合員は事業年度末の60日前までに予告し、事業年度をもって脱退することができる。

（法定脱退）

16　組合員は下記の理由で脱退する。

①組合員たる資格の喪失
②組合員の死亡及び解散
③除名

除名は下記の各号のいずれかに該当するときは、総会の決議により除名することができる。

①出資の払込みその他ワーカーズ・コレクティブに対する義務を怠ったとき。
②その他定款で定める行為をしたとき

前項の規定により組合員を除名しようとするときは、総会の10日前までにその組合員に通知し、かつ総会において弁明の機会を与えなければならない。

（持ち分の払い戻し）

17　脱退した組合員は、定款の定めるところにより、出資金を限度として持ち分の全部または一部の払戻しを請求することができる。

（時効）

18　脱退した組合員又は会員の請求は2年を時効とする。

（出資口数の減少手続き）

19　定款の定めに従い出資口数を減少させることができる。

4　管理

（定款）

20　定款には次に掲げる事項を記載する。

①事業
②目的
③名称
④事務所の所在地
⑤役員を置く場合役員に関する事項
⑥組合員の資格の得喪に関する事項
⑦出資金に関する事項
⑧総会の招集及び議決に関する事項
⑨剰余金処分案または損失処理に関する規定
⑩経費の分担に関する規定
⑪準備金の額及びその積立に関する規定
⑫組合員の権利・責任に関する規定
⑬事業年度
⑭解散に関する事項

⑮定款の変更に関する事項
⑯公告の方法

（役員）

21　この法人に役員として理事及び監事を置くことが出来る。

22　役員を置く場合、理事の定数は3人以上とし、監事の定数は1人以上とする。

23　役員は定款のさだめるところにより、総会において選挙する。但し設立当時の役員は設立総会において選挙する。

24　理事は組合員でなければならない。

25　監事のうち組合員でない者は1人を越えることができない。

（法人の代表）

26　理事はこの法人の業務についてこの法人を代表する。

27　定款もしくは総会の決議をもって、この法人を代表する理事を定め、理事の互選をもって理事の代表（代表理事）を定める。

28　前項の規定にかかわらず、役員を置かないワーカーズ・コレクティブの場合は監事を除く組合員全員がこの法人の業務についてこの法人を代表する。

29　定款もしくは総会の決議をもって、この法人を代表する者を定め、会員の互選によって会員の代表（代表者）を定める。

（代表者の任期）

30　代表理事または代表者の就任期は1期2年とし、3期6年を限度とする。

（理事会）

31　理事会は総会の決定に基づき、日常の業務を執行する。

32　理事会は総会で選出された理事をもって構成する。

33　理事会の議事は、理事の2分の1以上が出席し、その過半数で決する。

（事業活動の届け出）

34　ワーカーズ・コレクティブは会計年度終了後3か月以内につぎの書類を主たる事務所の

所在地を管轄する所轄庁に届け出なければならない。
①事業活動報告書
②貸借対照表
③損益計算書
④定款または登記事項に変更があった場合には、変更後の定款の写し又は登記簿謄本

（届け出情報の公開）
35　所轄庁は届け出を受けた時から3年間備え置き、34項に関し何人に対してもその求めに応じ、閲覧又は謄写させなければならない。

（監事）
36　監事は次に掲げる職務をおこなう
①役員及び代表理事または代表者の執行権に関する監査
②組合の財産の状況に関する監査
③前2号に関し役員に意見を述べること
④前2号の監査の結果、組合の業務または財産に関し不正の行為、または法令、定款に違反する重大な事実があることを認めるときは、総会にその意見を報告する責任を有する。
⑤前号の報告を行うため、監事が組合を代表し総会を招集すること。

（総会の議決事項）
37　次に掲げる事項は、総会の決議を経なければならない。
①事業活動報告、貸借対照表、損益計算書、積立金明細書、剰余金処分または損失処理
②毎事業年度の予算及び活動方針
③借入金の最高限度額
④役員の選任及び解任
⑤定款の変更
⑥解散及び合併及び分割
⑦組合員の除名
⑧ワーカーズ・コレクティブの連合組織への加入及び脱退
⑨その他定款で規定する事項

（総会の招集）
38　総会はこの法人の最高議決機関である。総

会は通常総会と臨時総会とする。

39　通常総会は、毎事業年度の終了後2ケ月以内に、代表者もしくは、理事会が定款の定める公告により招集する。

（議決の要件）

40　総会の議事は出席者の過半数で決し、可否同数の時は議長の決するところによる。

41　前項の規定にかかわらず、37項の⑤⑥⑦は、定款に別段の定めがあるときを除き、組合員総数の過半数の出席により、その3分の2以上の多数による総会の議決を経なければならない。

（民主主義に基づいた組合員の議決権）

42　直接民主主義の運営を心掛け、組合員の議決権は平等である。

5　財務

（剰余金の積立）

43　剰余金の積立

①法定準備金

ワーカーズ・コレクティブは定款で定める額に達するまでは、毎事業年度の剰余金の10分の1以上を積み立てなければならない。

（1）法定準備金の額は、出資総額を下回ってはならない。

（2）法定準備金は、損失の補填に当てるほか取り崩すことはできない。

②教育積立金

ワーカーズ・コレクティブは組合員の職業的、人間的発達を促進し、協同の理念と方法を社会に普及するために、毎事業年度の剰余金の20分の1以上を積立なければならない。

③ワーカーズ・コレクティブ運動をすすめるための積立金

より暮らしやすい豊かな社会をつくるために、ワーカーズ・コレクティブという働き方を広く一般に広め、多くのワーカーズ・コレクティブの設立に向けて、毎事業年度の剰余金の10分の1以上をワーカーズ・コレクティブ運動をすすめるために積み立てなければならない。
④教育積立金、ワーカーズ・コレクティブ運動をすすめるための積立金は法人税法上非課税とする。

（剰余金の処分）
＊利用組合員、出資組合員を定める場合は要検討
44　剰余金の処分
ワーカーズ・コレクティブは損失を補填し、法定準備金・教育積立金・ワーカーズ・コレクティブ運動をすすめるための積立金を控除した後の剰余金は繰越し・従事分量配当が出来る。

6　設立

（設立）
45　ワーカーズ・コレクティブの設立は、4人以上の者が発起人となり、定款を作成し、設立総会の決定を経て、設立とする。

（設立総会）
46　発起人が作成した定款の承認、その他設立に必要な事項の決定は、設立総会の議決による。
47　設立総会の議事は、組合員たる資格を有するものでその会議開催日までに発起人に対し、会員になると申し出、出資をしたもののうち3分の2以上が出席してその出席者の3分の2以上で決する。

（成立の時期）
48　ワーカーズ・コレクティブはその主たる事務所の所在地において設立の登記をすることによって成立する。

（登記）
49　ワーカーズ・コレクティブの設立の登記は下記の事項を記載する。
①目的
②名称
③主たる事務所及び従たる事務所
④公告の方法
⑤代表理事または代表者及び監事の氏名及び

住所

7　解散および合併、分割

（解散の事由）

50　ワーカーズ・コレクティブは次の事由によって解散する。

①総会の決議

②ワーカーズ・コレクティブの合併

③ワーカーズ・コレクティブの破産

④定款で定めた解散事由の発生

51　ワーカーズ・コレクティブは前項の①または④により解散した場合は遅滞なく届け出る。

（合併）

52　ワーカーズ・コレクティブは他のワーカーズ・コレクティブと合併することができる。

（分割）

53　民主的運営を行うために分割することができる。

（合併・分割の手続）

54　ワーカーズ・コレクティブが合併・分割するには総会の議決を経なければならない。

55　合併・分割によってワーカーズ・コレクティブを設立するには、各ワーカーズ・コレクティブが総会において選任した設立委員が共同して定款作成、役員選任など設立に必要な行為をおこなう。

（合併の時期と効果）

56　ワーカーズ・コレクティブの合併は合併後存続するワーカーズ・コレクティブまたは合併によって成立するワーカーズ・コレクティブが登記することで効力を生ずる。

57　ワーカーズ・コレクティブの合併は合併後存続するワーカーズ・コレクティブまたは合併によって成立するワーカーズ・コレクティブは、合併によって消滅したワーカーズ・コレクティブの権利義務を承継する。

58　ワーカーズ・コレクティブの組合員の一部が任意に分離して他のワーカーズ・コーレクティブを設立するときは、組合財産について出資口数に応じた分割請求を行うことができる。

（清算）

59　合併及び破産による解散を除いて、理事が清算人となる。

（財産処分の順序）

60　ワーカーズ・コレクティブの清算人は次の順序に従ってワーカーズ・コレクティブの財産を処分する。

①一般債務の弁済

②出資金を限度とした持分の払戻

③残余財産は他のワーカーズ・コレクティブに譲る。

8　ワーカーズ・コレクティブの連合組織

（連合組織）

61　ワーカーズ・コレクティブは設立の手続きに従い下記連合会、連合組織を設立するすることが出来る。

①都道府県のワーカーズ・コレクティブ連合会

②全国のワーカーズ・コレクティブ連合組織

③業種及び必要な事業の遂行のための連合組織

62　前条の各連合組織はワーカーズ・コレクティブ運動と事業の発展のため、連合し，活動する。その事業は次の事業の全部または一部を行うことができる。

①ワーカーズ・コレクティブの運動と事業の発展に関する知識普及並びに経営及び技術の改善向上を図るための教育及び情報の提供、それに関する施設

②ワーカーズ・コレクティブに関連する調査、研究、開発

③ワーカーズ・コレクティブを広めるための広報、情報発信、宣伝事業

④組合員に対する事業資金の貸付（手形割引を含む）及び組合員のためにするその借り入れ

⑤ワーカーズ・コレクティブの経営企画、事業運営に関する指導

⑥新規設立ワーカーズ・コレクティブの設立に関する相談、指導事業

⑦基金の設置とその管理

⑧ワーカーズ・コレクティブに関する事項について、国会、地方公共団体の議会、又は行政庁への建議

⑨生産、加工、仕入、販売、保管、運送、検査、その他ワーカーズ・コレクティブの事業に関する共同施設

⑩組合員の福利厚生に関する施設

⑪組合員のあらたな事業分野への進出の円滑化を図るための新商品若しくは新技術の研究開発又は需要の開拓に関する施設

⑫組合員の経済的地位の改善のためにする団体協約の締結

9　その他

63　他の法人より移行する場合は簡便に出来ることとする。

資料【2】

ワーカーズ・コレクティブの価値と原則

【価値】

ワーカーズ・コレクティブは相互扶助の精神で自立、相互責任、民主主義、平等、公正という価値に基礎をおきます。またそのあらゆる活動において、正直、公開、社会的責任、ならびに他者への配慮を大切にします。

【原則】

1、目的

ワーカーズ・コレクティブは、社会的、経済的自立をめざす人々が、地域に開かれた労働の場を協同で作りだすものです。

2、加入

協同労働に参加し、人間としての自立を推進する事業を共有するために、責任を引き受ける用意のある人は、誰でも自発的意思によって出資をして加入できます。

3、民主主義

小集団制をとり1人1票の民主的運営を行います。また1人ひとりが経営責任を負い、組織の情報を共有します。

4、財務

初期出資で起業をする自覚を持ち、また起業に必要な資本を準備します。なお資本の一部分は、不分割とし、個人に帰さないものとします。社会的基準による公正な労働所得および社会保障の実現をめざし、財務に関する情報は公開しなければならない。解散時に清算後の組合財産は他の協同組合、またはワーカーズ・コレクティブに譲ります。

5、教育

社会、経済、エコロジー等についての基礎知識を学習し、生活価値産業の技能を共有によって高めます。

6、地域社会への貢献

ワーカーズ・コレクティブの事業は地域の生活価値に直結するものであるから、事業を通じて地域社会の維持発展に役立つ領域を拡大していきます。

7、協同組合間協同

ワーカーズ・コレクティブ及び他の協同組合等との提携による協同事業、共同利用施設の設置を進めます。

8、公的セクターとの関係

ワーカーズ・コレクティブは、政府その他の公的組織から独立した市民の団体です。目的および地域社会への責任をはたす上で必要な事業については、事業分野を明確にした上で、公的セクターとの連携を行います。

ワーカーズ・コレクティブの価値と原則（神奈川・改訂版Ⅰ）

【価　値】

理念及び態度

ワーカーズ・コレクティブは、自立、自由、民主主義、公正という理念に基礎をおき、双務契約による自由な労働を通して、個人の主権に基づく相互扶助の精神と態度を確立する。

リーダー規範

ワーカーズ・コレクティブは、そのあらゆる活動（労働・運動・事業）において他者への配慮を大切にし、正直、相互牽制、情報開示、アカウンタビリティ（説明し同意を獲得する責任）によるリーダー規範を発揮し、市民社会の熟成及び地域経済の発展に貢献する。

価値及びシステムの転換

ワーカーズ・コレクティブは、コミュニティワークの価値にもとづくもう一つの価格を形成して、非市場的な価値の生産と交換の領域を拡大し共有して、ポスト産業社会への転換をリードするワークシステムの実現をはかる。

新しい法令・制度の整備

ワーカーズ・コレクティブは、アマチュアによるアンペイドワーク（支払われない労働）の社会的価値と役割を高める法令・制度の実現に寄与する。

生き方を変える

ワーカーズ・コレクティブは、雇用契約労働に対するもう一つの働き方により市民資本セクターの発言権を強めて、セクターバランスの形成をはかり、ジェンダー平等による複合的ライフワークを創出する。

【原　則】

目的

① ワーカーズ・コレクティブは人間的、社会的、経済的自立をめざす人々が、地域コミュニティに開かれた労働の場を協同でつくりだし、その価値を共有し分け合います。

② 協同組合地域社会の成熟をはかり、公正な労働所得および社会保障の実現をめざします。

加入

① 双務契約にもとづく協同労働に参加し非営利事業を共有するために、責任を引き受ける用意のある者の自発的意志によって出資をして加入します。

② ワーカーズ・コレクティブは、自らの事業規模、計画の達成見通しなどにもとづき、メンバーの加入を制限することがあります。

民主主義と地域主義

① 自分の住む地域コミュニティで働く人々による小集団制をとり、一人一票の参加型民主主義にもとづく組織運営を行います。

② そのためにメンバーは、参加と委任の組織関係を共有するため、運営情報を記述し、一人ひとりがパートナーシップを発揮して事業経営に責任を負います。

財務

① 初期出資において起業するメンバーは、ワーカーズ・コレクティブの目的や事業の社会

的性格に自覚を持ち、また事業展開に必要な市民資本を準備します。

② 剰余によって生じた資本の一部分は、不分割とし、個人に返さないものとします。

③ 財務管理について社会的会計処理基準を採用し、業務執行に関する情報とともに公開します。

④ 解散による清算後の組合財産は、他の協同組合またはワーカーズ・コレクティブに譲ります。

⑤ 剰余金の処分に際しては、積立金のほか共済及び教育・共済基金への充当を優先します。

教育

① 共育及び教育・研修を通して、社会、経済、政治、文化、エコロジー等のあり方について不断に留意し、協同組合の特性を生かして生活価値を実現する知識や技術の習熟を高めます。

地域コミュニティへの貢献

① ワーカーズ・コレクティブの事業を運動は、市場価格に対抗して、コミュニティ価格の形成をめざし、市民資本セクターによる地域経済の拡大と進行をはかり、生活福祉の向上発展に貢献します。

協同組合間協同

① ワーカーズ・コレクティブ相互間及び他の協同組合等が提携して、共済及び協同事業を開発し、共同利用できる協同組合資源の活用を進めます。

公的セクターとの関係

① ワーカーズ・コレクティブは、政党及び行政府その他の公的・社会的組織から独立した非営利市民事業団体としての自立的対応力を高めます。

② 目的の実現及び地域コミュニティへの責任を担う上で、公的セクターと連携の必要な事業については、双務契約にもとづき、役割分担をはかり実践します。

【資料３】
ワーカーズ・コレクティブ組織概況

【W. N. J.】ワーカーズ・コレクティブの全国組織
☆設立　1995年，ワーカーズ・コレクティブの全国組織として設立される。
☆目的　ワーカーズ・コレクティブのネットワーク化を図り，ワーカーズ・コレクティブの社会的認知を進める活動，ワーカーズ・コレクティブの法制化運動を行っている。
☆「W. N. J. ニュースレター」年３回発行
http://www.wnj.gr.jp

【会員団体】各地のワーカーズ・コレクティブの連合組織が加入。現在，9団体が加入。

北海道ワーカーズ・コレクティブ連絡協議会
〒003-0026 札幌市白石区本通4丁目南8-27
TEL 011-846-8463　FAX 011-846-8540
会員団体28団体／会員数377名

埼玉ワーカーズ・コレクティブ連合会
〒340-0015 草加市高砂2-18-39-302いと内
TEL＆FAX 048-927-7879
会員団体18団体／会員数342名

東京ワーカーズ・コレクティブ協同組合
http://member.nifty.ne.jp/workers/
〒151-0053 東京都渋谷区代々木2-23-1ニューステイト・メナー1129号室
TEL 03-5365-2044　FAX 03-5351-6110
会員団体49団体／会員数562名

ＮＰＯアビリティクラブたすけあい（ACT)
http://www4.ocn.ne.jp/~tokyoact/
〒156-0051 東京都世田谷区宮坂3-13-13
TEL 03-3425-5722　FAX 03-3425-5788
会員団体33団体／会員数1,255名

特定非営利活動法人ワーカーズ・コレクティブ千葉県連合会
〒261-0011 千葉市美浜区真砂5-21-12

TEL＆FAX 043-279-1677
会員団体21団体／会員数416名

神奈川ワーカーズ・コレクティブ連合会
〒231-0005 横浜市中区本町6丁目52番地 横浜エクセレントVII 2F
TEL 045-662-4303 FAX 045-662-4306
会員団体134団体／会員数4,169名

ワーカーズ・コレクティブ近畿連絡会
〒593-0151 大阪府堺市小代727エスコープ大阪内
TEL＆FAX 0722-90-6111
会員団体9団体／会員数173名

ふくおかワーカーズ・コレクティブ連合会
〒812-0012 福岡市博多区博多駅中央街8-36 博多ビル7F
TEL 092-482-7770 FAX 092-482-7773
会員団体17団体／会員数326名

ワーカーズ・コレクティブくまもと連絡協議会
〒869-0502 熊本県下益城郡松橋町松橋1195たすけあいワーカーズ笑内
TEL&FAX 0964-33-5204
会員団体25団体／会員数376名

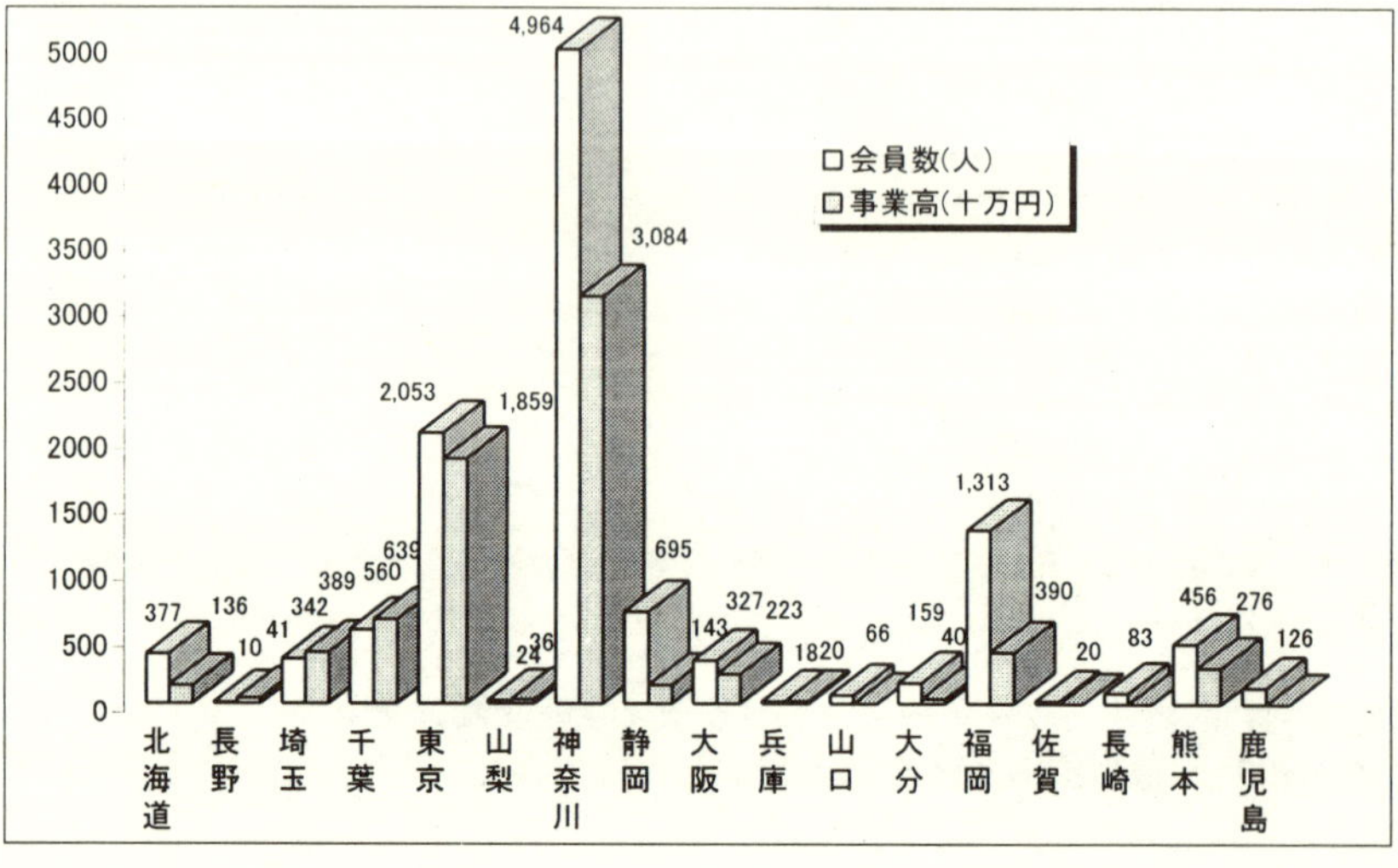

【資料4】
ワーカーズ・コレクティブ全国会議の歴史

【第1回全国会議】（1993年7.3～4　於・国立婦人教育会館）

実行委員長・山内京子〔千葉〕／後援3団体／参加者187人

☆テーマ

「生き方も働き方もワーカーズ・コレクティブで」

☆内　容

欧米報告・横山喜美枝「日米女性指導者ダイアローグ」（前日交流会）

市民事業連絡会報告・石見尚「ワーカーズ·コレクティブの法制化へむけて」

☆基調報告

ワーカーズ・コレクティブにんじん理事長宇津木朋子「ワーカーズ・コレクティブ10年の実践と課題」

☆分科会

まちづくりにおける市民事業の役割／市民事業のネットワークと連合機能／ワーカーズ·コレクティブの働き方から見える社会保障の問題／ワーカーズ・コレクティブ入門

（主として経験交流。全国のワーカーズ・コレクティブが出会えたという感激で参加者たちは立ち去りがたかった。2年後に会うことを約束して散会）

【第2回全国会議】（1995年7.8　於・日本青年館）

実行委員長・小川泰子〔神奈川〕／後援15団体／参加者349人

☆テーマ

「ワーカーズ・コレクティブで社会を変えられるか―ワーカーズ・コレクティブの価値と原則―」

☆内　容

☆事例報告（コーディネーター　石見尚）

・ワーカーズ·コレクティブ轍・大泉　後藤尚美／・ワーカーズ·コレクティブ回転木馬・成田　宮川路子／・ワーカーズ·コレクティブ凡　西貞子／・港北家事介護サービスワーカーズ 北島和美

☆シンポジウム

「法制化へむけて」（コーディネーター広岡守穂／パネリスト天野正子・白

石正彦)

「ワーカーズ・コレクティブの価値と原則」

「ワーカーズ・コレクティブの法制化へむけての声明」

「W. N. J. 名称変更のお知らせ」

(外部の参加者が多くワーカーズ・コレクティブの当事者たちの発言機会が少なかったという反省。価値と原則を発表してもなかなか理解できない状況だった)

【第3回全国会議】(1997.9.6　於・ウィメンズプラザホール)
実行委員長　大沢靖子〔東京〕/後援10団体/参加者228人
☆テーマ
「21世紀へ向けてワーカーズ・コレクティブ法を提案―1人ひとりの自立をめざして―」
☆基調講演「ワーカーズ・コレクティブで自立できる」
・ワーカーズ・コレクティブ回転木馬(佐倉市)西山美代子
☆団体報告「ワーカーズ・コレクティブの価値と原則」
千葉・山内京子/埼玉・井滝佐智子/東京・秋山糸織/神奈川・一色節子
☆法案要綱発表(コメント樋口謙次)
「ワーカーズ・コレクティブ法案要綱発表」

(参加したワーカーズ・コレクティブのメンバーは価値と原則を自分の組織にあてはめて考えたり,各地で学習会をする気運ができてきた)

【第4回全国会議】(1999年11.6　於・国立オリンピック記念青少年総合センター)
☆テーマ
「21世紀はワーカーズ・コレクティブの時代―ワーカーズ・コレクティブ法制定へむけて―」

実行委員長・酒井由美子〔神奈川〕/後援15団体/参加者180人
☆基調報告
「21世紀へ向けてワーカーズ・コレクティブがめざすこと」(W. N. J. 代表酒井由美子)
☆パネルディスカッション

「日本の協同組合の現状とワーカーズ・コレクティブに期待すること」（兼子厚之）
「企業合の取得へ向けて」（轍・いたばし増嶋光子）
「ＮＰＯ法人格の取得へむけて」（食事サービス・あいあい鮫島由喜子）
☆「ワーカーズ・コレクティブ法案要綱第２次案発表」（コメント，アドバイス松崎良）
☆「法制化へむけて」（岡田百合子）
（ワーカーズ・コレクティブの社会的意義と位置づけについて実質的な議論ができるようになった。法案の内容も考えられる素地ができ，法制化への一歩を踏み出せるのではないかという期待がもてた）

【第５回全国会議】（2001年11.10　於・国立オリンピック記念青少年総合センター）
実行委員長　井瀧佐智子〔埼玉〕／後援13団体
☆テーマ
「どんな時代にもかがやける主体的な働き方　今こそ，やっぱり，だから，ワーカーズ・コレクティブ―ワーカーズ・コレクティブ法の実現で広がる市民社会―」
☆内　容
今こそ市民が主体的に働き，市民が主体の社会の仕組みをつくる時です。ワーカーズ・コレクティブ20年の実績の自信を持って，「ワーカーズ・コレクティブ法要綱第３次案」を発表し，実現にむけて働きかけをしていきたいと思います。
☆W．N．J．２年間の活動報告
☆基調報告
「ワーカーズ・コレクティブ法について」石毛鍈子
☆「ワーカーズ・コレクティブ法要綱案第３次案発表」（コメント炭本昌哉）
☆「ワーカーズ・コレクティブでつくる参加型福祉」
☆事例発表「神奈川における参加型福祉」（地域コミオプ）
☆「1＋1＝3」のパワー「ワーカーズ・コレクティブにおける共同事業化計画」

各回の記録集（500円，600円）を発売

資料【5】

ワーカーズ・コレクティブの法制化への活動の歩み

一九八二年　神奈川で第1号のにんじん（生協委託）誕生。
一九八四年　東京でみち（弁当）設立　千葉でかい（生協委託）設立。
一九八五年以降　日本各地に数々のワーカーズ・コレクティブが生まれる。
東京でみちが企業組合として法人化。
一九八六年　北海道にはまなす（生協委託）、かざぐるま（託児）設立。
一九八七年　埼玉ではな（生協委託）設立。
企業組合の法人格をとるワーカーズ・コレクティブ多数あり。
一九八八年　熊本にマミー（商品販売）旬の店（弁当）設立。
一九八九年　長野にあひる（生協委託）福岡に木いちご（惣菜）設立。
ワーカーズ・コレクティブのネットワーク組織として各地にワーカーズ・コレクティブの連絡会／連合会が出来る。東京／千葉／埼玉／神奈川のワーカーズ・コレクティブ連合会／連絡会が「全国市民事業連絡会」を持ち、法制化の学習を始める。
一九九一年五月　ワーカーズ・コレクティブのモデル定款（案）及び「就業協同組合の法制化および振興施策の整備についての要請」文作成し、神奈川県、横浜市等自治体へ提出。
一九九三年四月　東京ワーカーズ・コレクティブ連合会が事業協同組合の法人格をとる。
七月　「第一回ワーカーズ・コレクティブ全国会議」開催　経験交流を行う。
一九九四年九月　大阪に飛鳥、かぐや姫、ＳＴＥＰ、プラスワン（配達業務）設立。
一九九五年七月　「第二回ワーカーズ・コレクティブ全国会議」を開催し「ワーカーズ・コレクティブ

の価値と原則」を定め、「ワーカーズ・コレクティブの法制化へ向けての声明」を行う。またワーカーズ・コレクティブの全国組織「ワーカーズ・コレクティブネットワークジャパン」（W．N．J．）を組織する。

九月　「ワーカーズ・コレクティブの法制化へ向けての声明」を国会議員に提出。

一〇月　NPO法案学習。全国のワーカーズ・コレクティブへ「市民活動団体を幅広く捉えたNPO法案制定の要望書提出の呼びかけ」を行う。

一九九七年九月　「第三回ワーカーズ・コレクティブ全国会議」開催　法案要綱（第一次案）発表。

一九九九年一一月「第四回ワーカーズ・コレクティブ全国会議」開催　法案要綱（第二次案）発表。

二〇〇〇年九月　「ワーカーズ・コレクティブ法研究会」設立。

「ワーカーズ・コレクティブ法をつくる会」設立。

二〇〇一年三月　「ワーカーズ・コレクティブ法をつくろう」発行。

「第五回ワーカーズ・コレクティブ全国会議」実行委員会発足。

二〇〇一年一一月「第五回ワーカーズ・コレクティブ全国会議」開催。

あとがき

ワーカーズ・コレクティブ運動も一九年目、ワーカーズ法制化へのとても遠い道のりではありましたが、その必要性と、全国のワーカーズ・コレクティブでこつこつと地道に働くメンバーの実態を、この本の発行でお伝えできたらと願っています。

一九八二年ワーカーズ・コレクティブが最初に設立された当初より、法制度の整備が急がれる課題でした。一九八九年の「首都圏組織全国市民事業連絡会」から九五年全国組織であるワーカーズ・コレクティブ　ネットワーク　ジャパン（W.N.J.）を組織し、さらにワーカーズ・コレクティブの法制化を推進する活動を行ってきました。一九九九年の第四回ワーカーズ・コレクティブ全国会議で研究会の設立を提案し、二〇〇〇年八月にワーカーズ法研究会が発足しました。

私たちは法制度のもとに暮らしていますが、法律を感じることもなく、日々生活しています。しかしワーカーズのメンバーは「今までにない新しい働き方」であるがゆえに、法律のカベにぶつかってきました。

五回にわたる研究会では、各分野の方々に専門家の立場から、多くの提言をいただきました。法人格がないことの不都合・不便をワーカーズ・コレクティブの現場からの声として表面化し、その必要性を整理しました。既存の法律や制度から見たワーカーズ・コレクティブでの働き方と問題点を考察し解決できないかと模索し、この研究会で初めて聞く提言などに、ワーカーズ法制化への活動は相当なエネルギーと情熱が要求される事を実感しました。

しかし、私たちはやはり、二一世紀にふさわしい参加型社会の新しい働き方のワーカーズ・コレクティブ法を目指すことを再確認しました。またワーカーズ法制定は社会的な面で大きな価値を生み出し、社会全般に渡る改革につながることを信じております。

一一月の第五回ワーカーズ・コレクティブ全国会議で「ワーカーズ・コレクティブ法案要綱第三次案」を発表し法制化への実質的な活動が始まります。W・N・Jは、より多くの方々と共にワーカーズ・コレクティブ法制定へ向けた運動を進めるために「ワーカーズ・コレクティブ法をつくる会」を設立しました。また、ワーカーズ法研究会パート2の発足も検討されています。すでにワーカーズ・コレクティブ法をつくるための署名活動も進行中です。多くの人々の参加でワーカーズ・コレクティブの社会的な認知をすすめたいと思っています。

最後になりましたが、ワーカーズ法研究会の会長を引き受けて下さいました天野正子氏をはじめ、各界から多くの方々にいただきましたご協力とご指導に、深く感謝を申し上げます。

ワーカーズ・コレクティブ法研究会
事務局長　大沢靖子

二〇〇一年九月

※なお、本書の発行にあたっては、二〇〇〇年度「ろうきんボランティア助成制度」の研究冊子作成補助資金を活用しています。

〈執筆者・発言者一覧〉

酒井由美子　神奈川ワーカーズ・コレクティブ連合会理事長　第1章、第2章
鮫島由喜子　神奈川ワーカーズ・コレクティブ連合会理事　第3章、第7章
柏井宏之　市民セクター政策機構専務理事　第4章
樋口兼次　白鴎大学教授　第5章2
白石正彦　東京農業大学教授　第5章3
炭本昌哉　農林中金総合研究所監査役　第5章4
石見　尚　日本ルネッサンス研究所代表　第5章5
藤木千草　東京ワーカーズ・コレクティブ協同組合理事長　第6章
天野正子　お茶の水女子大学教授　第8章
井瀧佐智子　ワーカーズ・コレクティブ　ネットワーク　ジャパン代表　第9章

どんな時代にも輝く
主体的な働き方——ワーカーズ・コレクティブ法の実現を

2001年11月10日　初版第1刷発行
2002年4月1日　初版第2刷発行

企　画　ワーカーズ・コレクティブ ネットワーク ジャパン
編　集　金忠紘子
イラスト　武口幸子
発行者　川上　徹
発行所　(株)同時代社
〒101-0065 東京都千代田区西神田2-7-6
電話 03(3261)3149　FAX 03(3261)3237
印刷・製本　(株)ミツワ

ISBN4-88683-458-2